沂山名医录

主编 ◎ 谭 波

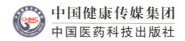

中国健康传媒集团
中国医药科技出版社

内 容 提 要

　　本书主要介绍了沂山区域九县（市）的中医（药）名家，分为"名医传略"和"当代名医录"两部分。"名医传略"共收录480人，对历代各类志书资料收录的沂山区域名医进行了介绍，帮助读者系统地了解该区域历史上众多名医的医学成就，感受他们的人格魅力。他们即使身处乱世，仍坚守医学信仰，为民众解除痛苦，体现了医者仁心的高尚品德。"当代名医录"共收录101人，简要介绍了全国名中医、岐黄学者、全国名老中医、全国基层名老中医药传承工作室建设项目专家，以及省级（基层）名（老）中医（药）专家等情况。

图书在版编目（CIP）数据

沂山名医录 / 谭波主编 . -- 北京：中国医药科技
出版社 , 2025. 5. -- ISBN 978-7-5214-5282-2

Ⅰ . K826.2

中国国家版本馆 CIP 数据核字第 20252EC462 号

美术编辑　　陈君杞
版式设计　　也　在

出版　**中国健康传媒集团** ｜ 中国医药科技出版社
地址　北京市海淀区文慧园北路甲 22 号
邮编　100082
电话　发行：010-62227427　　邮购：010-62236938
网址　www.cmstp.com
规格　710×1000mm $^1/_{16}$
印张　18 $^1/_4$
字数　219 千字
版次　2025 年 5 月第 1 版
印次　2025 年 5 月第 1 次印刷
印刷　北京盛通印刷股份有限公司
经销　全国各地新华书店
书号　ISBN 978-7-5214-5282-2
定价　**90.00 元**

获取新书信息、投稿、为图书纠错，请扫码联系我们。

灵气所钟 东镇沂山
医药圆融 佑民康安

乙巳年 初春 金世元

金世元，国医大师，中国中医科学院学部委员。

王 序

    中华民族具有 5000 多年连绵不断的文明历史，创造了博大精深的中华文化，中医无疑是其中一颗璀璨的明珠，历代医林先贤名家辈出，留下了无数悬壶济世、泽被苍生的杏林美谈。何为名医？我国唐代名医孙思邈在《备急千金要方·大医精诚》中说："凡大医治病，必当安神定志，无欲无求，先发大慈恻隐之心，誓愿普救含灵之苦……不得问其贵贱贫富……亦不得瞻前顾后，自虑吉凶。"这是我国传统医学历来强调的救死扶伤、道济天下的医德。如此可为苍生大医。"医者，仁术也""不为良相，便为良医"等传统儒学思想深刻影响了中医思想体系。

    东镇沂山为古青州之镇山，历史悠久。早在 5000 年前，沂山区域的先人就已开始使用砭石治疗疾病；八世医学世家东莞徐氏，继继绳绳，独领风骚；诸城臧氏自明至清，代有闻人；沂山之阳刘氏惠民、沂山之阴冯氏鸣九，学贯古今，秉承初心，于当代之山东省中医药学实有开创之功。囿于资料，无记载者又不知凡几。

    首届"沂山论健·中医药健康大会"以"中医药与大健康"为主题，搭建国家级中医药健康交流合作平台，助力健康中国建设，为实现中华民族伟大复兴添砖加瓦。自 2023 年始至今，大会已历两届，有声有色，影响颇广。我与谭波先生相识已久。他为首批全国基层名老中医药专家，任职临朐县中医院期间，尽职尽责，成绩突出；敢为人先，创建全国第一家实用型中医药博物馆，又力促"沂山论健"大会落户临朐，令人感佩。前段时间，他将大会的成果之一——《沂山名医录》书稿给我，邀我作序。

    纵观该书，沂山区域所属九县（市）历代名医，凡志书记载者，搜罗殆尽，体例颇备，有详有略，不拘一格，蔚为大观。历代名医凭借高超医术，治病疗疾，救死扶伤，解除患者痛苦，保护民众健康，为中华民族生生不息、繁衍发展作出了不可磨灭的贡献。阅读该书，我们不仅可以了解沂山名医的医学成就，更能感受到他们的人格魅力。他们即使身处乱世，仍坚守医学信仰，为民众健康孜孜以求；他们严谨治学，勤奋钻研，为后世留下了丰富的医学遗产；他们关爱患者，取舍有道，体现了医者仁心的高尚品德。本书记载沂山区域历代名医和当代名医概况，对研究沂山中医流派的形成和发展也有重要意义。在祝贺该书出版的同时，我也期待着弘扬中华优秀传统文化的中医特色书籍越来越多。

是为序。

2024 年 10 月

王新陆，国医大师，中国中医科学院学部委员，山东中医药大学原校长，山东省政协原副主席。

刘 序

　　巍巍沂山，地跨齐鲁四地九县；悠悠东镇，庇佑古青万民平安。60 余万年前，沂源猿人在此繁衍生息；夏商时期，东夷部落于此逐水而居；迨至西周，沂山南北自此齐鲁分治；秦代一统，齐鲁文化由此交融汇集。丰厚的文化积淀滋养了一代又一代的高士鸿儒：这里是舜之故里，尧之子丹朱封于朱虚，闵子、有子、曾子、公冶长在此读书讲学，孔融、李邕、富弼、苏轼、欧阳修、范仲淹为官于斯，管宁、邴原高洁遁世，郑玄、刘勰治学授业。

　　灵气钟于沂山，泉香溢自橘井。深远绵长的人文底蕴和得天独厚的自然禀赋，共同孕育了沂山中医药的鲜明特质。潍坊市委、市政府历来高度重视中医药发展，立足资源优势强产业、育人才、塑文化，传承精华、守正创新，中医药大健康事业迎来黄金发展期。如何借势借力，将沂山中医药发扬光大，我思之日久。辛丑之春，我陪同潍坊市委书记刘运（时任潍坊市市长）和山东中医药大学高树中先生（时任校长）在临朐视察，议及传承创新中医药文化、弘扬国之瑰宝，刘运书记请高校长在潍坊筹备全国范围内的中医药盛会，助力中医药强市建设。高树中先生遂邀中国健康传媒集团董事长吴少祯、临朐县中医院党委书记谭波共议，冠以沂山之名，倡以健康为题，曰"沂山论健·中医药健康大会"。大会筹备历时两年，2023 年 4 月首届"沂山论健"顺遂启幕，迄今已历两届。其间刘运书记悉心指导、全力推动并亲临现场，潍坊市委常委、副市长吕珊珊连续两次拨冗主持。盛会聚焦传承弘扬中华优秀传统文化，广促中医药学术交流，助推大健康产业发展，成就山东"尼山世界文明论坛""泰山论灸""沂山论健"中医药"三山"系列品牌，誉满寰中、声名远播。

　　从古至今，历代名医事功遗范，可堪后人揣摩借鉴。沂山更是名医辈出，事迹经验可志可书。"沂山论健"大会既成，谭波先生顺势而为，集沂山区域四市九县历代名医事迹，汇成一书，曰《沂山名医录》。悬壶济世，凭此书前贤功绩一览无余；医者仁心，读其传激励后人心慕手追。诸先贤之高超医术、高尚医德、苦研疑难杂症之创新精神，令人敬仰，足资后学效法。

弘扬传统，实乃医学进步根基；精进医术，更崇人文道德砥砺。《沂山名医录》刊行，定能彰显中医先贤圣迹，弘扬中医文化精髓，于中医药事业发展功莫大焉。

登高望远，"沂山论健"必将愈办愈盛，中医药事业必将薪火相传、生生不息、泽被万民。

是为序。

2025 年 1 月

刘艳芳，潍坊市委常委、临朐县委书记。

2

凡 例

1.指导思想：以马克思列宁主义、毛泽东思想、邓小平理论、"三个代表"重要思想、科学发展观、习近平新时代中国特色社会主义思想为指导，坚持辩证唯物主义和历史唯物主义的立场、观点和方法，本着对历史高度负责的精神，力求思想性、科学性、资料性相统一，全面、系统、客观地记述沂山区域涌现出的有较高声望的中医药名家。

2.境域范围：沂山区域（参照 2022 年版《东镇沂山志》）境域包括潍坊市临朐县、青州市、昌乐县、安丘市、诸城市，临沂市沂水县，日照市莒县、五莲县，淄博市沂源县等 4 个地级市的 9 个县（市）。

3.收录范围：出生于沂山区域，事迹发生在境域内的名中医；出生于沂山区域，事迹发生在境域外的名中医；出生于外地，事迹发生在境域内的名中医。县级区划屡有调整，原则以旧志所载隶属收录，括注今属。

4.境域内历代县志、县卫生志载录的名中医全部收录；各县（市）域内有较大影响力的中医药名家，包括 20 世纪 50 年代参加山东省中医研究班的学员，全国名中医、岐黄学者、全国（基层）名老中医药专家传承工作室建设项目专家，省级（基层）名（老）中医药专家等，其他有较大影响力的中医药名家亦均收录。

5.全书设"名医传略"和"当代名医录"两部分。遵循生不立传原则，"名医传略"载录传主，上至史籍记载，下至 2023 年年末故去者，主要采自县志、卫生志。以生年先后为序，不能确定生年者以县志或相关资料记载先后为序；生年相同者，以卒年先后为序；清代以前生卒不详者标注年代。"当代名医录"收录的当代名中医，主要由各县（市）卫健部门提供，以姓氏笔画为序。以上名医凡有照片资料者，一并收录（部分照片因时间久远，技术所限，清晰度欠佳）。

6. 体例：资料来源有旧志，有中华人民共和国成立后的县志、卫生志、中医院志、中医药志等，体例不尽一致。本书在编写时力求忠实于原著。

7. 行文使用规范的语体文记述，坚持实事求是原则，力求严谨朴实，语言简洁流畅。古代传主传略（小传、简介）古文、今文均有，不强求划一。采自古籍者，原文录入；繁体字转为简体字，异体字转为现代规范通用汉字（名讳、字、号，一般从旧）；误字径改，据实增删。

8. 字数：古代名医，按照"多则多录，少则全录"原则，资料丰富的传主，千字左右；资料匮乏的传主，能录尽录（口传而无古籍载述的不收录）。当代名医，国家级名家介绍500字左右，省级名家介绍300字左右。

9. 标点符号、数字用法：执行2011年国家标准《标点符号用法》《出版物上数字用法》，采自古籍者从旧。

10. 纪年：原则上采用公元纪年，使用历史纪年者，括注公元纪年。书中"××年代"，前未注明世纪者，均指20世纪。

11. 性别、民族：男性不记，汉族不标。

目　录

名医传略

沂源县

沂水县

莒 县

五莲县

青州市

当代名医录

名医传略

沂山

临朐县

刘源清

刘源清，明代临朐县人。初从其伯父习岐黄术，永乐年间举入太医院。源清自为医，无论在乡及在京师，常制药以应人求。人求之，不问其资有无，问明其疾之状，辄施予不较。有必欲其往视者，不以暑寒泥淖辞，辄为往。其急于济人如此。且市药都城，人多知名，求之者众，足以罔四方之利，乃不以为意。其为人至孝，家居奉亲，甘旨务丰盛；及来京，未尝忘之。父殁，惟汲汲以养母求归。比以疾陈之春官，当道深怜之，听其子濩代源清，得释役。

申玉才

申玉才，号润宸，明代临朐县人。幼而嗜学，万历己酉（1609）乡试中举。举动伟异，好德广交，博通书史。曾值母病且笃，公祷于神祠，愿以身代。是夜，梦镇武授以神方，晨起，即合药疗治，母疾果瘥。旋以方药传施，无不验者。丙辰（1616）朐大饥，远族申敏学者，妻子流离，公给以米薪，令其子玉佩与子若弟同笔砚，婚娶皆公为之。佩弱冠游庠，竟为贡士。至于倡议修学，出粟活饥，不悉数。殁后，入邑忠义孝悌祠。

窦作杞

窦作杞，字荆甫，清代临朐县窦家洼村（今属东城街道）人，生活于康乾年间。文涛长子也，以子景燕仕，累赠文林郎、安平县知县、顺天府南路同知。作杞幼有至性，髫龀丧母，泣血不食，长老叹异。为文修洁自喜，祖父尤奇爱之。屡应乡举不利。以父善病，乃弃举子业，穷究方书，窥轩岐之秘，视膳尝药，先事调摄。父年八十余犹康强不衰，渐以其术疗乡人，垂死得活。求诊者填户常满，莫不应手瘗效，时比作长桑、扁鹊。作杞以医名世。长子、叔子列仕籍，作杞为封君。家不中资，服御简素如寒士。每驰书戒谕两子，谓："汝仲、季弟耕且读，善养吾老人，恪守家法。汝曹须致身报国，勿以吾老人为忧。"知故或诵其俭德，作杞笑曰："有子幸知自爱，勉为清白吏仆，虽贫，所深乐也。使为污吏肥身家，仆兹戚矣！何暇享其奉乎？"乡里推其行谊，谓足继冯贞静（子咸）、傅清毅（应兆）云。子四人，景燕、景默最知名。

窦景燕，字馥昆，清代临朐县窦家洼村人。作杞子。天姿英毅，早岁负奇气，于时辈少所许可，独从叔父作相及邑人刘元炤受学，博通传注。以父精于医，景燕少时窃窥其书，辄了大义，私以意为人处方，药无不奇中，踵门者日不暇给。其叔恐因之废学，严禁厉之，乃扃户下帷，讲诵弗辍。期年学大通，举乾隆五十一年（1786）乡试，嘉庆初大挑，分发直隶。初任子牙河通判，后署唐县知县、安平知县、邢台知县、沧州知州、顺天府南路同知等职，所过皆有政声，廉能噪一时。

李长蓉（1799—1867），临朐县大广尧村（今属冶源街道）人。父泉业医，长蓉耳濡目染，学有渊源，加之天赋甚高，悟性颇强，医术大长。辨证准确，用药精当，别生死，起沉疴，出神入化。内外妇儿，尤善外科。恶疮大疔，手到病除。又因行八，遂有"神仙李八"之称。名扬临朐、青州、沂水等方圆百公里，求诊者络绎不绝，以至家门前专辟一场院，备病家停靠车马。

李氏极重医德，乐善好施，橘井泽人。贫困病家，不仅分文不取，还免费送药，兼给路费盘缠，患者奉为救星。为表彰其高尚医德，青州知府亲送"医德望古"镏金匾额一块，惜已毁。因病家崇敬其医德，解放前冶源凤凰洞附近庙宇为其塑像，与药王孙思邈一起祭拜。

陈坦飞

陈坦飞，清代临朐县赵疃村（今属青州市弥河镇）人。乾隆年间廪生。好学不倦，著有《五经集解》藏于家，现已佚失。尤精医学，著有伤寒、痘疹方面的医学著作。凡伤寒之经其手者，无不痊效。

陈凤年

陈凤年，字集五，清代临朐县大章庄（今属青州市弥河镇）人。自少穷究方书，得轩岐之秘，以济人为心，待诊者日常填户。乡里有求，虽夜必兴。著有《痘疹经验集》《小儿科方针》，咸同间经兵燹焉。道光七年（1827），知县张志彦旌其门曰"十全为上"。

张锡爵

张锡爵，字晋三，号丹西，清代临朐县段家庄村（今属辛寨街道）人，监生。精医术。道光庚戌（1850）间，时疫流行，尝设局施药疗贫民病。尤善书画，行草遒劲有法。著有《痘疹揭要》，里中医者遵之甚验。

褚鸿吉

褚鸿吉，清代临朐县大田庄村（今属青州市王坟镇）人。自幼即有异才，读书未成名，遂改行习医，精医学，尤精于外科，痈疽疮疔，针砭无一不效，人颂为扁鹊、华佗。凡家有患者，鸿吉到，投药辄效。人们感其恩德，经其治愈者于村东珍珠山上植松留念，遂有"珍珠山上松无数"之说。著有外科书数卷，藏于家，经咸同兵燹尽失焉。殁后，病者祷于墓前辄应。邑人于其社内珍珠山建药王庙，塑其像于旁，号曰"褚先生"。其医术之高明、医德之正派，世代传颂，至今村人仍尊称其为"鸿吉老爷爷"。

王英魁

沂山名医

王英魁（1829—1910），字子敏，临朐县福山社南洋河村（今属昌乐县鄌郚镇）人。对内、妇诸科颇擅长，尤善针灸，少未尝学而于药方诸书开解明悟，浏览默会如夙诵者，按穴施治，应手得效。誉播临朐、益都、沂水、安丘一带，至今人犹称道。

王英魁少年颖悟，记忆力过人，就塾学三四年，四书五经、《左传》等即能成诵。因家贫辍学务农，自此始学医。务农时怀揣《针灸大成》，见缝插针，自学成才，20岁许即名扬四方。他一生崇尚节俭，朴实无华，谦逊和蔼，从不文身邀誉。一日，去邻村高崖诊一10余岁小儿。当时病家已延医，七八人在座，均无寸效。众医见来者似一农夫，不屑为礼。英魁诊后曰："此病宜针灸，药物不及。"群医不以为然，促其立刻施针，实欲窘之。当日，主人留众医皆宿。次晨，患儿病减大半，群医折服，暗自离去。医治数日，患儿痊愈。一人久患痿痹，乞英魁诊之。英魁为下针数处，即能言笑，次日复与施治，遂步履如常。其造诣神妙多此类。一岁中疗救全活者数百人，未尝受谢邀誉，里人咸感慕焉。知县姚延福遂与名绅6人赠一匾额，上书"神针王英魁"，一时传为美谈。

英魁卒后，其子来太传其学，来太卒，其孙更年、秉年，曾孙玉敏亦晓针灸，然皆逊其祖。

宫献廷

宫献廷，字敬修，清代临朐县龙岗（西）村人。少读书，有远志。后弃儒业医，得宋人引种牛痘之真传。其法按穴点引，预为调摄，由此瘢痘一症，天行传染，均无所害。大吏闻其名，聘以重金，设局省垣，以宏博济，礼遇甚隆。其性情端方，馆省40余年，于外事一无所闻。殁年七十有九。著有《引痘浅说》《痘症溯源》二书，抄写行世。

刘秉台

刘秉台，生卒年月待考，字子成，清代临朐县吕庄村（今属蒋峪镇）人。少孤贫，饔飧常至不给，母张氏贤，茹艰辛使学，年十六弃学就农。卅岁时，长女患疹，医治不效而亡。刘伤感不已，遂发奋攻医，数年竟成。擅内、妇诸科，尤精于痘疹，且至炉火纯青，嗣以善治痘疹名。尝常言："痘疹无死症，死者皆庸医杀之也。"

一日，一邻女自门前过，刘秉台招而视之，曰："三日后必生痘，且险恶。"与药，并嘱届时定服。至三日，应其言，急服药而愈。

刘秉台医德高尚，善推己及人。人求诊非远出数十里不停。近村延立至，诊毕即回，杯水不扰。或御车马来，力辞弗乘。病愈酬谢，轻重悉不受，远近周知，亦无往谢者。病儿至前，双手接抱，如亲生然。如此五十年，誉望隆著。生平无妄言，见善如不及。无论亲族异姓，或行戾于义，辄不避怨嫌训饬之，务使人引咎乃已。以故少长有过，皆相戒勿令子成知。乡里服化，不恭不敢与接。操持端谨，终始不渝。卒年九十二岁。葬日，临者达数千人，皆如哭私亲焉。

马作梅，字香岩，清代临朐县辛寨村（今属辛寨街道）人，监生。为人公正廉明，望重一乡。赋性谨饬，幼承家教严，燕居未尝疲倚箕踞，盛暑未尝解带露袒，与人接，向无疾言剧色，而人无不爱敬之。乡里有争，作梅至立解。咸丰辛酉（1861）乱，创修围堡。僧格林沁王追匪至辛寨，嘉其建筑得法，命名谓"公保寨"。四乡避难者麇集，保全尤多。

作梅有宿学，且精医术，尤精妇人、痘疹两科。对带下病理论有独到见解，认为妇人以阴为本，发病多因七情所伤，故治疗每以调理气血为法。有手辑《妇人科医方》刊行。

马作梅医术高超，医德高尚，不拘于"医不叩门"陋规，庶民有疾，闻讯即至；路遇患者，就地救治；贫困病家，分文不取。子椿龄、孙南星、重孙谔均能世其业，医名亦著。南星、谔自有传。

范克恕，字如心，清代临朐县人。少力学，晚精岐黄术。为人天性孝友，循谨雅饬。乡里争斗或至涉讼，无不赖其情譬理喻，一言立解。遇有婚葬贫乏者，随所需求，罔弗应。好义乐施，乡里推笃行长者，咸钦慕之。

王梦兰，字瑞符，清代临朐县王家楼村（今属东城街道）人，约去世于光绪九年（1883）前。持己严正，待人宽和，戚族赖以解纠纷者甚夥，与修谱事。咸丰间，奉谕办团。十一年（1861）八月初，

马作梅

范克恕

王梦兰

棍匪由沂水将入本境，躬率团勇赴穆陵关顶防御，匪始转西窜北。修筑团寨，数村人赖以无恙。

读书有大志，屡试不第，究心医道，调剂最工，病者常盈门。曾去孔府，医名颇盛。进京为高官看病，随班入觐圣颜，称"御大夫"。修谱志，睦宗族，年六十七殁，乡谥"靖悫"。

潘光弼

潘光弼，清代临朐县张郭社（今属山旺镇）人。性刚直，精于医，生平以活人为己任。家贫，不喜人酬谢，即室无斗米，晏如也。寿八十而终。

闫森

闫森，字蔚村，清代临朐县夫召社人，为邑诸生。其家七世精于医。至森，于痘疹二症尤为精深，著有《医林精集》待刊。

王惟讷

王惟讷，字恂堂，清代临朐县鲍庄社前营村（今属青州市弥河镇）人。祖儒楷，邑庠生，以医学名于世。青州知府荣奖以"好义可风"匾额。惟讷从祖学医，口讲指画，各种方术无不精切。在朐城北关施医，全活无算。咸丰十一年（1861），捻匪犯境，城垣圮圮，请诸当道，倡率修城。越数月而工竣，避免寇警，惟讷之力也。知县刘请加军功，议叙六品衔，又以"望重齿尊"匾额褒之。

傅太顺

傅太顺，字适斋，国学生，清代临朐县北关社（今属城关街道）人。性极孝，事亲唯恐弗至。以经教授于乡，为养亲故也。尤精于医，活人无数。同治五年（1866），捻匪掠境，直薄城下，知县适赴省垣，城中大惊。太顺设法固守，众心始安。有司请加军功，议叙六品衔。

高文正，清代临朐县南辛庄社（今属青州市王坟镇）人。为人刚正不阿，训子孙以义方。精于医术。踵门治疾者，先待以饮食而后处方药，无不奇中。卒后，乡邻为之痛悼。

聂蕙田，字露馥（《聂氏族谱》谓字次兰，号露馥），清代临朐县宣教社南关村（今属城关街道）人。邑庠生。前明岁贡、陕西崇信知县相之十世孙。为人豁达爽慨。才思敏捷，幼应童试，辄冠曹偶。入庠后屡荐不售，遂攻岐黄。乡里赖以求活者，不下数百人。当时医名大著，而家不中资，性好施予。光绪二年（1876），邑大饥，乃罄其所积，得钱五十余缗、谷十担，以济族邻之困厄者，人咸称其德，彼犹以所施无多抱歉也。知县吴观敬重其品学，聘为南关义学师，教授有法。事亲最孝，中年失怙，奉母唯谨。及登花甲，母近期颐矣，老且善病，尝卧床不起。蕙田晨夕不离，奉养周至，始终罔懈。事伯兄能敦友爱。其弟早卒无嗣，即以己之子为弟后。其平生喜于排难解纷，乡里多诉曲直于其门，闻其言辄相率而去。晚年以事母故，昼夜不安，寝食至劳沉痼，竟以未获终养，饮恨而卒。至今乡里谈及，无不为之感泣云。

李廷弼妻冯氏，女，清代临朐县李家庄子村（今属冶源街道）人。早寡，家贫，湛学术，一子及诸孙皆身教以文艺。晚年医痘疹。百余岁犹康健。邻村请医治，无不亲至其家，与小儿针药。而苦节励志，尤足称述。年百有三岁殁。

卜宪周

卜宪周，字佐臣，清代临朐县丝窝村（今属淄博市沂源县南鲁山镇）人。少聪慧，喜读书，孝友根于天性。家贫甚，年十七设帐授徒。博甘旨，奉二亲。逾年，丁父艰，哀毁骨立，丧葬如礼，自是家益窘，几不可支。宪周恃舌耕，妻高氏勤针，交资薄获养孀母，母申氏俭衣食得无忧。宪周教弟抚妹，以次毕婚嫁，母心大慰。清鼎革，宪周灰志进取，家居奉亲，优游林泉。博众艺，工书法，尤精篆刻。兼以医术活人，求者踵门，无不应。诚正凤乎人，乡邻有争耻诉公庭，皆愿就宪周决曲直。民国初年，家渐裕，母龙钟矣。宪周奉益谨，愉色婉容，晨昏依膝下。尝语其弟曰："事亲以得欢心为主，否则供鼎烹不及菽水也。"娣姒化之，俱能善事寡母。母逝，宪周决意庐墓，戚友以时不靖，未便遽行古道，力阻之。宪周乃终制，绝腥荤，而颜枯槁，人不能识，三年未尝见齿。后数年忽以中风致不起。

姚延福

姚延福（1825—1888），字介生，江南上元（今属江苏省南京市江宁区）人，监生。清光绪七年（1881）任临朐知县。为政以教化为先。慈祥恺恻长者，务政宽平。设粮仓，置义学，禁不法，修县志，捐俸修刮孔庙祭器乐器，诸事不胜枚举。姚最爱士，助士子膏火，一时济济称盛。性仁厚而务以德化民。在朐凡七年，其恩泽洽于人者颇深。至清末民国父老谈及，犹靡不称为"姚公"云。

父锡华，道光二十一年（1841）进士，官至云南布政使。侍亲疾，遂精岐黄，延福秉庭诰，精于医理。官临朐时，手制丸药疗人病，求方者常无虚日。有以事琐费繁相戒者，则曰："苟可以活人，罄囊不惜也。"盖其心存利济，出于天性云。

董素书

董素书（1827—1917），字朴斋，寿光石门董村人，在临朐冶源行医三十余年。董氏生于世医之门，自幼读书，兼修岐黄术。志向远大，曾言："人生在世，不得仕晋出良谋以治国，则为良医疗民疾以寿苍生，吾所愿也。"后因家贫辍学，承父训，边务农，边习医。凡家藏之医籍无不博览，且天资聪慧，所读之书，多能过目成诵。

年十七至临朐冶源一药店当伙计，诊治有验，每起沉疴，遂名闻乡里，求诊者接踵于门。年甫弱冠，应聘坐堂，三年名声大振，誉满临朐。学本东垣，治重脾胃，遣方施药注重调后天，资生化源，扶正以祛邪。

董氏诊病识源，见微知著，且善于判断预后。曾诊一肝病患者，一再叮咛须连服药90剂，不可中断，中断必再发不治。患者服药80剂，自觉病已痊愈，身健有力，遂不遵医嘱而停药，果然不久发病，再治不效而死。又精于脉学，两尼姑受孕，着男装求诊，素书切其寸口，脉滑利搏指，断为妊娠。两尼姑面红耳赤，始以实情相告。其医术之精，大率如此。

素书之治病，常使沉疴顿起，危症转安，故有"董仙"之誉。名士刘云亭氏赠联曰："回手活人，冶水便成橘井；春风普物，董仙自有杏林。"青州旗人锡章母有痼疾，百医不效，素书一诊，病去若矢，谢以重金不受，赠缎上书"恩同再造"。乡公感德，集资修庙，以示怀念。晚年归乡，仍不辞劳苦，忙于诊务，寿光县令徐德润亲赠巨匾，上书"德门仁泽"四个大字。

董氏喜易学，尤重运气说，晚年著有《杏林衣钵》，未刊，已佚。

王荫远

王荫远（1840—1916），字樾园，临朐县魏家庄村（今属柳山镇）人。明代进士、陕西右布政使王佐才十四代孙。自少昆弟颇多，为曾祖母李抚养，爱若掌上珠。读书记悟过人，好读《紫阳纲目》。游庠后棘闱屡踬。其两弟明远、惠远已俱食饩矣，而荫远始以二等补增广。光绪丁酉（1897）乡试中副车，自笑曰："三、四胞弟廪而吾独补增，人中举而吾中副车，甚矣，功名之难也。"癸卯（1903）科乡试中式，为临朐科举史上最后一位举人。榜发，因破题中肯，立论精当，主考当面嘉奖。

王荫远熟读史鉴，盖实生平所长也。废科举后，荫远主汫县立高等小学校。一时成德达材之选，多出其门。又精岐黄术，因年老不愿供教职，晚年辞去教务，于柳山寨设肆行医。王氏善取各家之长，融会贯通，对晚清温病学派尤为推崇，求诊者户限为穿，名噪临朐、昌乐、安丘等地。轻患重疾，药到病除，故有"活神仙"之美称。

清末民初，社会动荡，瘟疫流行。群医拘于麻桂之定论，多成坏病，人死如麻。王氏则法"下不厌早，汗不厌迟"之温病理论，去热毒而存阴液，效如桴鼓，活人无数。其于清热之时，多佐活血祛瘀之品，疗效益著。常用归尾、桃仁、红花、柴胡、葛根、黄连、甘草、赤芍、枳壳为基础，随证加减，应手取效，一时远近医生皆效取此法。由于医术高、医德正，临朐、昌乐、安丘一带求诊者日众。

后以时事多故，不堪俗扰，遂闭门扫迹，颐养天年。治家严整，黎明即起，法朱伯庐；考室早扫，师曾文正。生平强酒健饭，至七十余弗衰。长眉丰髯，论古今治乱之源，滔滔惊座客。虽年迈而勤读如为诸生时。熟左氏传，偶谈及能朗朗举其词，真笃学君子也。后以疾卒于家。

王荫远与其父王端刚、子王悫，均以诊治内科杂症见长，远近闻名，曾在柳山寨村设药铺，铺号"广聚丰"。坐诊拿药，亦在本村行医多年。现王氏行医已传承到第六代王瑞平、王瑞安、王秀霞。

张兰泽

张兰泽（1846—？），字秋畹，号柳塘，临朐县洼子村（今属冶源街道）人，县学生员。出身书香门第，高祖进玉、曾祖辉远均为太学生。幼受熏染，熟读经书，早年院试得生员，但因迷恋绘画，乡试屡屡不中。因老母得瘰疾，遂弃举子业习医术。30年不离母亲左右，即有事外出，及暮必归，虽冒风雨，不以为艰。自学成才后在北店村坐堂行医。长于内、妇科，医术精湛，有大医之风。无论贫富贵贱，长幼妍蚩，普通一等，虽达官显贵，亦不媚附。

张氏精医术外，善词赋，工书画。一友晚年娶美妾，张氏前去道贺，送一对联添趣："花粉厚朴蟾酥白头翁，黑丑麻仁脑砂红娘子"。巧妙地利用八味中药，勾画出老夫少妻一喜一恼的不同心情，雅俗共赏，令人称道。尤擅丹青，见者悉叹赏之。

张兰泽晚年性愈峻，绝迹公门。知县郑炽昌闻其精医术，遣人致请三次乃至。炽昌重其品望，亲至其庭拜谒。

赵文恭

赵文恭（1862—1935），字懿斋，临朐县郑家沟村（今属山旺镇）人。自幼好学，年二十七府试庠生第一名。次年，欲赴济乡试时，三弟文海忽患喉疾，延医服药，两剂暴毙。赵文恭悲伤不已，立志弃文从医，熟读《内经》《难经》《医宗金鉴》《景岳全书》。三年后开设"诚济堂"药铺，自己进山采药，为氓疗疾，贫者不收费，声誉远扬。尤专注于喉科。常言："喉症不难治，治之不效，医之庸也。"医名远扬。

赵文恭重医术，更重医德，无论富贵贫贱，一视同仁，轻症重恙，无不细心诊断，严寒酷暑，有求必应，从不辞劳苦。病家酬谢，薄礼尚收，厚礼概却。意是免得使人念情，加重病家负担。故德隆望尊，名誉临朐、益都、昌乐一带。卒后，众人为其立碑纪念，山东省立第四师范学校校长马建东撰文。是碑立于村西大路旁，毁于1966年。

赵文恭带徒颇多。因其严要求、勤训诲，弟子皆负盛名，王修祯为其中佼佼者。

马南星

马南星（1866—1930），名守璋，字南星，号箕辰，以字行，临朐县辛寨村（今属辛寨街道）人。自其父祖以至高曾皆力农，重儒业。一门淳朴彬彬，具诗礼家风。父椿龄扶义倜傥，以任侠称乡里。清光绪初岁大饥，人相食。椿龄出粟助赈，全活无算。于时南星幼，稔其父善举不忘。昆仲三，南星居长，自幼岐嶷异常。及出，就傅锐意向学。后因痁病瘦，弃学肄武，疾遽愈转壮。应童子武科试，青州太守李见而异之，给奖品物，并赠诗嘉勉，有"他年材有用，须自此时储"之句。未弱冠即补县学武庠生。嗣秋闱屡不售，遂无意进取，家居侍亲，晨昏无倦容。待两弟耀星、文星终始和乐，村邻艳称弗置。为诸子侄受学，必延聘名儒教读，供修馔，必恭必敬，一时尊师重道为邑南乡冠。尝戒子侄曰："学以明理致用为主，如驰骛虚名是自欺也，尔曹深戒之。"生有至性，笃于宗族戚党，虽家无饶资，常出所有以济贫乏。戚族待以举火者恒至数家。尤喜结纳名流，远近闻声每特意造访。子孙肃客皆周旋中礼，过者羡其庭训焉。乡里有争，南星至，如春云沃雪能融冰炭作水乳，人咸服其德化之神。坦怀乐善，卒然见于面目。治医以小儿、妇女科著。常自备药饵，不索值，以应急需，求者趾错于门，心未尝厌烦。有病丐乞食至其家，南星诊其病状，为止宿，撮药疗之。次日疾大减，请行，南星止之曰："再剂始瘥，汝去此不可保也。"已而果然，丐欢谢去。民国戊辰（1928）邑大水兼蝗灾，华洋义赈会及世界红卍字会先后来朐施赈，至辛寨，主其家，隐为擘画一切。是年冬，复函求慈善团体，得棉衣数百袭以散给极贫者。邑侯冯公祖仁在城南关设粥场以食饿者，命南星襄赈务，无滥无遗，活人万计。尔时南星已六十余，以衰迈之身朝夕奔走，卧不安席者数月。盖皆本其慈善之心，一无所为而为之也。晚年童颜丰润，类四十许人。家居好道术，茹素诵经以为常，好搜集劝善等书以化世俗。庚午（1930）九月，寿六十有五，无疾而逝。及大敛，体软如绵，颜色如生人，共异之。子三人，长讷，山东警监学校毕业，历充本县自治筹备处干事、财政管理员；次谔，以医世其业；季福，少殁。谔自有传。

胡 澂
—— 沂山名医 ——

胡澂（1866—1933），字玉汝，号石友，临朐县胡家岭村（今属东城街道）人。邑庠生。性孝友，昆仲三人，澂居长，早失怙，事继母竭诚供奉，一乡称之。笃于手足，始终翕然。初于本村设帐授徒。是时，痘疹频发，但医治乏人乏术，以至亡者枕藉。澂目睹此景，发奋攻医，尤专痘疹科，造诣颇深，为临朐痘诊名手。先在七贤店设"长生堂"药肆，后返回本村业医。其对麻疹病因、病机、治疗均有系统而独到的见解，认为疹属阳邪，发自六腑，因胎毒之火或遇时气感染而发。治疗上初期发表透疹，中期清肺泻火，后期养阴生津。自制方剂数帖，每应手取效。

胡澂虽居市而喜接同道，和易近人，遇友好杯酒欢宴。爱谈诗、谈文、谈字、谈画、谈山水风景、谈名人轶事，一市隐而乐道者。兄弟聚居，丁口颇多。澂以孝友率下，子侄辈皆徇谨守礼，远近皆钦其家祥。一生好嗜石砚，搜掘岩阿，尝由邑嵩山、龙岩寺产砚材地觅人肩石归，躬自椎磨，所制有绝工者，曾经山东博物展览会鉴赏给奖。暮年童颜鹤发，飘飘如雪，道气益然，众咸推必得高寿，乃竟于民国二十二年（1933）秋。在七贤店与友人醵饮，席间无疾而逝。

其子玉钵、孙宝清、曾孙光照亦习医。宝清承其祖父业，并为其整理《麻疹治疗概要》一书。

赵魁英（1867—1942），字俊青，临朐县长沟村（今属东城街道）人，清末廪膳生员。少聪颖，就塾八年，品学兼优。18岁任塾师，36岁府试考取一等第一名，被补为廪生。后科举废，授课之余，喜读医书。不惜重金购得《内经》《难经》《伤寒论》《金匮要略》等经典医著，并精心研读，多有心得。1912年弃教从医，先在本村设肆。1918年迁至冶源，药铺名"育庆堂"。1939年日军入侵至冶源，又迁回长沟。同年夏因避日祸，魁英迁至沂山脚下薛庄，后卒于此。治病救人过程中，他博览医书，尤精研《中西汇通五种》《万氏妇人科》，反复阅读和背诵，为其数十年临床之主要依据。

赵魁英
—— 沂山名医 ——

赵魁英专于内科，亦晓妇科，辨证准确，用药精当，远近闻名。实践中总结出一些特效方剂，如治疗疫痢（即今细菌性痢疾）之清热化滞汤。直至医学发达的今天，其仍有高于抗生素之疗效。药物组成撰为歌诀："当归白芍粉丹皮，酒军焦楂共枳实。槟榔黄芩地榆炭，再加甘草功最奇。"每遇疫痢流行，制为丸药，便于服用，效果甚佳。

赵魁英治病认真。对一般患者，诊断细详，望闻问切，四诊不遗；对危重患者，不畏风险，尽力抢救。某年，七贤张梯云，身患瘟疫（可能是乙型脑炎），高热昏迷，角弓反张，牙关紧闭，人事不省达三昼夜之久，家人前来邀请诊治。赵应邀出诊，守护于患者床前，观察病情变化达数小时，给以大剂白虎汤、安宫牛黄丸等，亲喂患者服用，终于起死回生。张氏全家感激不尽，为报救命之恩，令其子张培元拜赵为义父。赵魁英因治病有方，待人和蔼，就诊者众，近者临朐县境，远至周村、济南等地。

子珣璧（人称"四先生"）、孙景瀛亲受其业。

赵氏医学世传谱系：赵魁英→赵珣璧→赵景瀛→赵嘉训→赵青，至今已传五代。

高锡利

高锡利（1868—1941），字次元，临朐县高家庄村（今属东城街道）人，中医外科名医。少家贫，读书甚少。生活所迫，给谷家沟村赵家当长工。赵氏业医，藏书甚丰。得此良机，高氏白天耕作，夜晚苦读，几年后学渐有成，辞佣回家，以医为业。虽已满腹经纶，但进取心强，从不自满。因惜钱，借书抄录，先后共积60余本，故学识渊博。内外妇儿，无不通晓，尤擅长诊治疮癣及妇科疾病，因医术高超，时县署赠"妙手回春"匾额一块。

高锡利性情谦和，善处同道，富有同情心，乐善好施，义诊送药，不计其数，深得乡人尊敬。

其子洪渠、孙树友、重孙子荣和生荣亦悬壶济世。

冯允亮

冯允亮（1870—1952），字雪亭，号葛庐，临朐县车家沟村（今属冶源街道）人。19岁那年因胞妹病入膏肓，请医不至，立志学医。随后废寝忘食研学中医典籍，四年后行医于乡间。治病救人，多所有验，医名渐开。光绪末年，当地麻疹痘疫情流行，小儿重症甚多，冯允亮自配金黄散药面，用阴柳煮水洗身，治愈患者十多位，名声益震。后在本村开设"福荫堂"药铺。冯允亮擅长外科、妇科，以及风湿骨病、皮肤病和各种内外瘤治疗。其次子冯元和随父习医，亦在铺坐堂。父子二人对待患者不问贫富贵贱，一视同仁，细心治疗。为照顾远来患者，在大门外一处闲置场园搭建起避风棚，让患者免费住下，分文不收。

20世纪20年代末，章丘小儿痘疹流行，多有病死幼童。冯允亮受朋友所托，不顾花甲之年，与次子元和到章丘，望闻问切后判定疫情是寒热所致，遂结合民间验方自己配制桃花散、杏花散、金黄散，以芝麻香油搅拌和成糊状，根据痘疹不同成熟时期，散药交替敷搽，内服汤药，七日患儿即愈。回来后，又两次派元和去章丘按法调用药施治，治病救命，止住了瘟疫蔓延。当地人感其恩德，派人送"福佑苍生"金匾。冯允亮晚年虽病卧床，有求诊者，则口授处方，从不推辞。

冯氏医学世传谱系：冯允亮→冯元和→冯益琪→冯恩林、冯恩静→冯伟民，至今已传五代。

王　恩

王恩（1873—1947），字锡三，临朐县魏家庄村（今属柳山镇）人。出身书香门第，二叔王荫远晚清举人，三、四叔贡生，兄为邑庠生，皆执教于乡里。

王恩早读经书，并涉猎岐黄之术。先受聘于柳山寨"广聚丰"药号，坐堂行医18年，后回本村与子毓芹经营"万寿堂"药店。民国二十三年（1934），开业医生均须参加考试，王恩获青州府第二名佳绩。临床长于内科、杂病，尤对时症瘟疫有独到见解，遣方用药，遵经而不泥古，每收奇效。清末霍乱流行，伤人无数，一村日死十余人，人心惶惶。他医皆用藿香正气、六合定中之属，难收寸效。王氏详察病情，断用黄连解毒汤，服之立效，活人甚多。

王恩业医积德而不聚财，抚病恤贫，赠药救

危。行医 40 余年，家无余资，远近乡里皆颂其德。王恩文字功底深厚，理论精通，医术精湛，曾编医案、医论、验方达十余万言，惜由于历史原因尽付一炬。

其子毓芹亦擅时症、温病，孙金铠、金璀都能继其医术。

冯岫云

冯岫云（1883—1961），字峻岚，临朐县告老庄村（今属冶源街道）人。祖父冯业儒，早在清咸丰年间即精通医学，家藏珍贵药典，善岐黄，行医乡间，医术高明，是当时临朐名医之一。其父冯居安，为继承先辈医道，将诸子分科培养，分别专攻内、外、妇、痘疹等科。冯岫云自幼聪明好学，记忆力超人，各科兼学，尤爱痘疹科。在前辈指教下，25岁时对《神农本草经》所载各药之性味、作用，能全部背诵和掌握；对《伤寒论》《千金方》之内科、小儿痘疹科、皮肤科等临床验方均有研究，并能辨证施治。26 岁开业行医，诊治各科，尤以痘（天花类）疹（麻疹类）得心应手。乡亲们尊称他为"痘疹先生"。

冯岫云医术高超，医德高尚。治病是先望闻问切，全面了解，综合判断，然后慎重处方下药。在他诊治的成千上万的病例中，从未有误诊丧亡之事故发生。以下病例，可略窥冯岫云医术之一斑。

1936 年春，七贤丁家焦窦村丁某幼女未满周岁患麻疹，5 天后尚未出齐。请冯诊治，一剂草药出齐，隔日连服两剂，病愈。冯又发现病女左眼内有异物逐渐遮盖眼珠，诊断是麻疹后遗症，速开方服药，三剂痊愈。

1939 年春，七贤关爷庙村李某之四女，订婚未嫁，染上天花。当出齐后，躁烦不安，叫哭连天，请冯就诊。冯据病情及痘形，断定其 13 天内即亡，遂对其家人说："此女行病虽属痘类，但为不治之症。"劝其家人"另请高手诊治"。李姓无奈，寻来另一名医，诊治服药。药服后，病女略有安宁，后即如冯所诊断，第 13 日午后离世。

　　1944 年冬，天花流行。辛寨小山村一青年生痘未出齐，突然精神失常，态如疯子，请冯就诊。当冯刚进村口，恰巧患者跑出村外。家人将其找回，不料他又跳入水缸中。时值雪天，家人吓得惊慌失措。冯观其症状，当即断定为痘出肾经，是顺症，立即处方医治。令其家人到南流村药店取药，并协同家人为患者煎药。患者服药一剂，立即见效，躁狂消失。后来，遵冯嘱咐，顺服三剂痊愈。

　　1951 年春末，七贤张家焦窦村陈某之子 5 岁，发高烧两天，出斑疹，色红，谷粒大。家人予其芫荽汤，以求快出齐。上午喝进，下午观看时，非但未出齐，就连原出者也不见了。此时病儿昏迷不醒，家人心慌万分，速骑驴前去请"痘疹先生"。冯问明病情，遂即处方拾药，急忙赶来，观其色，量其温，切其脉，令家人将他带来的药煎熬，一剂奏效，病儿清醒；两剂疹出齐，三剂痊愈。

　　冯氏医学世传谱系：冯业儒→冯居安→冯岫云→冯传锦→冯天鹏、冯月秋→冯敏，至今已传六代。

冯鸣九

冯鸣九（1893—1974），名鹤年，字鸣九，以字行，临朐县泉庄村（今属冶源街道）人。出生于世医之家，祖父冯谦、父冯清云，医术皆称誉乡里。鸣九5岁入私塾，至13岁时，其祖父聘请当地名中医秦宝泰为家庭教师，专教鸣九医学。秦严督勤教5年，鸣九学完《内经》《伤寒论》《金匮要略》《神农本草经》《汤头歌诀》《医宗金鉴》等著作，并能熟读成诵，融会贯通，遂在祖父侧侍诊。至18岁已能独立行医，处方遣药，每多能中，乡里声誉渐超其祖。又远游沈阳、天津等地寻师深造。因家贫少资，历二年即被祖父催回，在家行医。

鸣九学有根底，又复出外见过世面，深知医学如汪洋大海，因而攻读益苦，夜以继日，手不释卷。家贫无力多购书籍，常常读完再卖，医技日进。1935年，鸣九受聘于益都一家药店为坐堂医生。日军入侵益都后，被迫回乡。1942年临朐成了"无人区"，他携儿带女逃荒去东北。1944年家乡解放，遂返回故乡继续行医。1948年南流民众药社成立，他应邀参加工作。因工作积极，医术高明，1956年被推荐入省中医研究班学习，结业后分派到省中医院工作。1959年任内科副主任，1962年升任副院长。在此期间，他辛勤工作，成绩显著，当选为山东省第三届人大代表、济南市第四届人大代表、省中医协会理事等。

冯氏治学严谨，穷究苦研。一有疑窦即苦思冥想，必至甚解而后已。博览群书，至老仍手不释卷。他融汇历代各家之长，从不墨守一隅。于诊病问疾之际引经据典，其基础之坚实、学识之渊博，旁听者无不肃然敬慕。其学术观点多推崇金张子和"攻下"学说，谨遵"有故无殒，亦无殒也"治则，主张"邪去则正安，病邪不去，正无由复，姑息养奸，常致不救"。善用甘遂、商陆、巴豆、大黄、牵牛等涤荡攻逐之品，圆机活法，恰如其分。若遇体羸正虚患者，亦是"先攻后补，或先补后攻"，以及"寓攻于补，或寓补于攻"。治疗疑难病或危重症，多以攻瘀下血或涤痰逐饮而收功。医界同仁称之为"攻下派"。对于某些肿瘤积聚、臌症、癫、狂、痫证、瘾病等，从理论到实践，都有独特的见解和临床经验，纵使用一些单方验方，也常能立著卓效。其用药注重临床效果，对于那些不符合实际而又约定俗成的东西敢于大胆推翻。如药物中的"十八反""十九畏"，医者奉为金科玉律，少有擅越雷池者。但鸣九常人参、五灵脂同用，并说："余用人参、五灵脂，乃有神效，若去参则不能驾驭灵脂。"

冯氏对内、妇、儿诸科颇有研究，疑难重症，往往一经其手立即回春。对就诊者，不论贫富贵贱，重病轻恙，都细心诊断。1962年，京剧名旦尚小云到济演出，因病卧床。冯鸣九不以其情急、名重而矫情，出具一方，仅8分钱。尚氏病愈，即返舞台，冯亦由此博来"冯八分"之美称。

患者李世禄，男，28岁，曾经人以藿香正气散治疗无效，又用理中丸，吐出不约，大汗不止，手足厥冷过肘膝，烦躁不安，脉沉微细，口渴而遂饮遂吐，泄泻如倾。冯至诊后熟思：大汗不止，四肢厥逆，亡阳也；大泄如倾，阴寒于下也；口虽渴而饮不多，阳亡求以自救也。顾阴碍阳，不如先固阳，阳回可望转机，再事敛阴。处方：甘草12克、熟附子9克、炮姜3克、吴茱萸1.2克、川连1.2克，水煎冷服，二剂，吐已肢温。又以力参9克、五味子6

克、麦冬 6 克、肉桂 3 克，一剂病愈。

1968 年冯鸣九适在病中，是时中医院护士高秀兰患病，西医诊断为"多发性神经炎"，住院治疗，日久不愈，便偷偷到鸣九住处求治。冯不避风险，救人要紧，立即详诊后处以《伤寒论》麻黄细辛附子汤，数剂即愈。

一妇人高烧 41℃，持续四五日。曾经几家医院诊治，尽用清解之法，热势有增无减，皆告不治，来到中医院就诊，群医也束手。冯至诊后曰："脉浮洪沉细，推筋着骨则无根，且有凉感，此阴盛格阳。"乃一反前医治法，予以吴萸 24 克、附子 12 克、炮姜 9 克、白芍 9 克，一剂体温降至 35.5℃，又二剂下污血少许，体温即稳定在 36.5℃，遂告愈。

冯鸣九朴素稳重，热心诚恳。对待患者，皆是"有医无类"，不论贫富贵贱，重病轻恙，无不细心诊治。晚年病势沉重，整日卧床，有求诊者，则口投处方，从不推辞。患者赠以"今之华佗""人民的好医生""再生父母"等匾额。鸣九一生带徒传授技艺，为中医界培养了一批骨干。

冯鸣九虽有丰富的医学知识和临床经验，但一生忙于诊务和传帮带，无暇写作。现有《冯鸣九中医师临床经验简编》，系其弟子杨桂昌、王文忠收集整理而成。出于鸣九亲笔的有《伤寒温病歌词》，应为授徒而作。另有《四季病的辨证治疗》《治疗流行性乙型脑炎经验介绍》《中风探源》《治疗破伤风的验方介绍》等短文数篇。

其儿子怀玉、怀民，孙子伯林、伯明，孙女伯俊、伯菊，外孙顾华勇均从医。

马谔（1894—1975），字正言，临朐县辛寨村（今属辛寨街道）人，妇科名医。曾祖父作梅、祖父椿龄、父南星，均为县内名医。马谔出身医学世家，幼读医书，弱冠有成。但性情谨慎，不愿轻就临床，深恐稍有闪失，有损祖上医名。至40岁，才正式独立行医，开张便捷，远近驰名。先在傅家庄子开业，中华人民共和国成立后任职于集体医疗机构。先后在龙诜铺、大岳庄行医，起沉疴、祛顽症，每每中的，尤善妇科。今年长者谈其医术，仍津津乐道。

马谔

刘天章（1900—1973），临朐县马庄村（今属五井镇）人。曾任中华全国中医学会山东分会理事，山东省立医院中医科主任。

刘天章幼年时读过4年私塾，18岁毕业于原籍高级小学，随后任本村小学教员。24岁开始学医，从师于祖父（一说舅父），并在本村开办诊所。在此期间阅读了大量中医文献，成了当地有名气的医生。1950年参加工作，任五井区卫生所中医师兼所长，后又调至县卫生院工作。1957年参加山东省中医研究班培训，取得优异成绩。1958年分配到山东省立医院中医科。

刘天章严格要求自己，处处关心同志、关心集体，生活艰苦朴素。虽患慢性支气管炎、腰腿痛，仍带病坚持工作。多次被评为"卫生运动模范"和"先进工作者"。1960年加入中国共产党，次年任中医科主任。

刘天章从事医疗事业近50年，对中医基础理论研究较深，尤其擅长中医妇科、内科、外科，对许多疑难病症有妙手回春之术。患者马桂美于1962年

刘天章

在省中医院查出宫颈癌，由于体质差，无法手术治疗，刘天章用自制的"红色灵药"治疗竟获良效，患者奇迹般恢复健康。由于专业特长，求医者络绎不绝，刘经常加班加点。他服务态度好，待患者似亲人，不管是三九严寒还是酷暑夏日，总是随叫随到，废寝忘食，深受患者欢迎。

刘天章一生带出高徒4人。其徒弟邓毕珍女士移居美国后自行开办针灸诊所，患者颇多。刘天章独创的"红色灵药""逐瘀丸""软坚膏"药物，对于治疗宫颈疾病、崩漏、不孕症、慢性盆腔炎及胃肠道疾病等，均有显著疗效。其医学论文《独参汤补气摄血法治疗再生障碍性贫血》《宫血的中医治疗》在全国中医研讨会上宣读后，受到与会者高度赞扬；还撰有《妇科血症11例治验》等。

许含华（1900—1985），名汝英，字含华，以字行，临朐县下五井西村人。祖父仁德为晚清秀才，时值国弱民穷，为解民众缺医少药之忧和病患之苦，发奋攻读岐黄之术，自学成医，开小药铺一间，服务乡里，颇受乡亲赞许和爱戴。父传志，自幼饱读经书，后受庭训研读医著，渐至佳境，挂诊行医，亦获嘉誉。

许含华出身中医世家，受家庭熏陶，文医双修，幼又拜高兴吉为师习医术，打下深厚功底。19岁即在本村设肆，独立行医，擅内、妇科。解放后任职于杨善小章联合诊所，1956年被推荐至山东省中医研究班学习。因牵挂高堂老母，进修结束后回归乡里，分配到县人民医院工作。1980年退休返乡，继续服务于街坊邻里。许含华医术精湛，医德高尚，

许含华

在县内颇有口碑，为后人颂扬。虽成名在外，但为人低调，从不自诩。1957年《山东省中医验方汇编》（第1辑）载其用干烘茶叶治痢疾处方。其手辑药方数册，惜大部佚失，仅存"黑药丸七十六治""益母丸十五治"等数方。

许含华至孝，年近七旬，仍亲手侍母，洗头修脚，无微不至。

许氏医学世传谱系：许仁德→许传志→许含华→许学智、许学忍→许瑾，至今已传五代。

吴启圣（1901—1977），字睿亭，临朐县洛庄村（今属寺头镇）人。幼贫，靠亲友资助就学，22岁高小毕业后任教。因母病脚痛致残，心有不甘，乃发奋攻医。至27岁弃教从医，在本村开设"华西药房"，中华人民共和国成立后并入寺头医院。因母病痛痹，故重点钻研疼痛痹证，颇有建树。他认为痹病原因是风寒湿，方药宜辛、温、燥。又认为不通则痛，须壮阳通络。因为理合、法对、药当，所以治愈率较高。在此基础上撰写《痹症证治》一文，发表于《山东医刊》。德艺双馨，1954年当选为县人大代表，1959年获"山东省卫生工作模范"称号。

崔伯侯（1904—1951），名文功，字伯侯，以字行，临朐县上枣行村（今属石家河）人。父崔永和为当地名医。崔伯侯十岁初小毕业后即专心跟父习医，后入九山区高小学习，1923年毕业后仍行医，尤擅妇科、内科。

柳科泉村李春田之妻多年不孕，多方求医未果，经崔伯侯处方治愈，李家感激不尽。刘某之妻患子宫下垂，崔伯侯处方以补中益气汤加味，很快治愈。一妇女痛经，经李姓中医诊断为气碍血型，服药未能治愈。该妇女又请崔伯侯诊断，崔认为是血碍气型，处方后，上午服药，下午立即止痛。

除妇科外，崔伯侯对多种疾病亦有研究，并将许多验方、偏方编为歌诀，疗效明显。如治疗急性肠胃炎验方：加味香薷治夹食，香薷厚朴共陈皮，白扁豆配山楂肉，猪苓甘草炒枳实。又如治疗哮喘病（麻痹风）方诀：五虎汤治麻痹风，麻黄蜜炙杏仁从，甘草石膏细茶末，煎服之后喘自宁。

崔伯侯对麻风病有独特治疗方法：将乌鸡喂养至750克左右时，取其骨，焙干，与乌梢蛇、小米粉配制成丸，治疗麻风病。寺头河庄村有一麻风患者，崔伯侯用此方法将其治愈。

崔伯侯对雪山崩、舞蹈病、黑热病、疟疾等症，亦有独特疗法。如治疗烧伤、烫伤，在葵花即将开败时，将其花瓣取下，晒干烧成炭，装入瓶中，用香油调和搽烧、烫伤处；或者将地瓜皮子（地木耳）焙干捣细，调和香油搽患处，立即止痛生肌，效果颇佳。

1944年当地解放。崔氏应鲁中行署李科长邀请，参加李所领导的医疗队，和同志们一起兢兢业业抢救患者。有一次他在平安峪村，医务正忙，适其三子结婚，来信催他回家，同志们也再三相劝，但他一心扑在工作上，捎信嘱咐家人办好喜事。就这样一直干下去，没有回家，此事受到干部群众好评，李科长撰文登报表扬。

1945年，李科长奉命调回，临行前组织当地医生成立"临朐县医救会"，任命崔伯侯为组长。1946

年崔伯侯与刘法清联合组织医疗社，为临朐县联合诊所雏形。1949年，在县政府医务所所长高参三指导下，以伯侯为首组成九米（九山区、米山区）医药合作社，开展防治疾病工作。

崔伯侯治学严谨，读书必求甚解，故其学术根底扎实。临床细心认真，大病小恙，从不放过，故疗效颇高。尤能博采众方，民间验方亦无不吸取。但他重实效，不盲从，一药新用，功性不谙，必先自试，确有良效，方施于人，为患者所放心。

崔伯侯晚年收徒，精心培育，姚作圣、陈志智、白奎吉、马玉胜、刘宗胜、崔正论皆出门下，成为当地有一定知名度的中医。

其子正言、正论亦从医。

高岱云（1904—1984），临朐县大高家庄村（今属辛寨街道）人。幼读塾学，及长，游学临朐县城，学业大进，工书法，精文章。19岁在本村小学执教。目睹当时乡村缺医少药，患者依赖巫祝庸医，因误治而丧生者随处可见，乃发奋攻读医书，立志业不精不轻易试人。1934年，当地麻疹大流行，有一户在20天内连丧四子。他顿生恻隐之心，乃于课暇登门诊视，处方遣药，应手取效，疫情遂止，医名大噪。

高岱云

"七七事变"后，山东省政府驻于临朐南部山区，闻高氏之名，屡请出任，他却婉词拒绝，为隐身计，乃设药铺于本村，一心为患者服务。

1952年高庄区卫生所成立，高氏应聘行医。虽年近五十，却精神焕发，白天应诊，晚间授徒，经年不息，被评为模范工作者。1958年到山东中医进修医药班学习一年，1960年调至临朐县人民医院中医科。1962年昌潍地区中医学会成立，高被选为理事，同年任临朐县医协会副主任。当选为第五、六、七、八届县人大代表，1973年退休，仍为县人大代表、中医学会理事。

他擅长中医内科、妇科，对外科、儿科、喉科等均有研究。学术宗仲景，而对历代各家著述都尽行采纳，尤淑李东垣、黄元御。治病望脾胃，处方贵平和，看似普通，实起沉疴，以此为人称道。著有《治病先顾中气论》《试谈理法方药》《月经病探讨》《几个经方的运用体会》等文。

其子乐众，幼趋庭训，亦擅长内科、妇科等，医名颇盛。其孙、曾孙共6人，仍守中医之道，各有建树。

瞿荷堂

瞿荷堂（1905—1990），字子净，临朐县瞿家圈村（今属辛寨街道）人。少时就读私塾7年。民国前期，军阀混战，灾年不断，民不聊生，瘟疫多流行。他受父亲瞿光耀为民治病、救死扶伤的影响，为解除患者之痛，索性弃学，从父学医。起初，替父迎送患者、抄方、拉匣抓药，进而受父指教，攻读医书。张仲景《伤寒杂病论》、孙思邈《千金方》、唐代官修《唐本草》、李时珍《本草纲目》、王肯堂《女科准绳》以及肖慎斋《女科经纶》等医书医典，他都精读细研，加注记忆。对于其父治病之验方，更是背诵如流，出口成方，医术渐精。

瞿荷堂通晓各科，尤以妇科、小儿科见长。他目睹妇女、小儿得病死亡较多，心中甚为不安，于是苦心研究妇幼之体质，探讨其病因、病理，辨证施治，疗效显著，不仅在临朐县境内名望很高，沂水、昌乐、益都等县也多有慕名前来就诊者。

瞿氏治病，用中草药方剂治疗的同时，根据病情，常辅以针灸疗法。常用的针有两类：一是三棱针，二是长短不等的细银针。他临床经验丰富，对于妇科疾患，诸如盆腔炎、附件炎、子宫脱垂、产后宫缩疼痛、赤白带下、产后流血不止、功能性子宫出血、月经不调、痛经、妊娠呕吐、乳汁不多、不孕等症，皆有研究。对于小儿科疾患，诸如上呼吸道感染及肺炎、腹泻及腹痛、婴儿吐乳、小儿疝气、脱肛、小儿惊吓、婴儿瘫及其后遗症、小儿夜啼、小儿痘疹等，都有得手配伍验方。治愈者不胜枚举。

解放后瞿荷堂积极响应人民政府号召，1956年主动将从医药具及药物全部投入到公私合营中。先后被分派到七贤（乡、公社）的丁家焦窦、梨花埠、初家庄、烟家铺和七贤卫生所（医院）任中医大夫。无论他被调至何处，新老患者前往就诊，络绎不绝。

瞿荷堂排行老八，邑人尊称"八先生"。一生悬壶济世，治病救人，仗义疏财，闻名乡里。其良方尤多，从不私自隐藏，患者就诊后可以把药方带走，因此十里八乡曾存有他的验方笺极多，惜后多佚失。1975年，瞿荷堂从七贤公社医院退休，应患者所求，仍义务治病15年。即便在身患高血压、糖尿病情况下，也未将叩门求诊的患者拒之门外，博得广大群众的赞誉，山东人民广播电台曾播放其事迹。

瞿氏医学世传谱系：瞿光耀→瞿荷堂→瞿道→瞿殿阁、瞿丽玲→瞿德涛，至今已传五代。

殷湘津

殷湘津（1908—1986），字镜波，号息山，临朐县李家沟村（今属山旺镇）人。弱冠随伯父及邻村赵明、张京刚学医。因勤奋好学、善悟勤思，医业大进，医名远播，出于蓝而胜于蓝。后悬壶乡里。1955年始，参与上林、柳山、五井等卫生院组建工作。1976年在上林卫生院退休，当选为县九届人大代表。

殷湘津擅内、妇诸科。早年瘟疫频发，故重温病诊治。临证不避疫毒传染，四诊详察，谋定而动，极具效验，挽性命于黄泉，救患者于倒悬，至今病家后代仍念念不忘。其学术崇景岳，施治宗东垣。治病重调护脾胃，固后天之本。1966—1976年期间食物匮乏，小儿营养不良性肝病多见，殷氏自创消积散治之，未有不效。治疗胆囊炎为其绝技，药无十味，方仅三剂，必应手取效，且久不复发。

殷氏治病，善抓要害，尤重病机。尝言："病机如根基，根基除，大厦应声必倒，否则主次不分，必贻误病情。"暮年仍笔耕不辍，欲将心得、验案留于后世。惜仅余部分残稿。

子玉平，孙宗诚、宗钦，重孙女殷燕亦步杏林。

王汝梅

王汝梅（1902—1975），临朐县王家西圈村（今属辛寨街道）人。少时就读私塾7年，勤奋好学，文化功底厚实。彼时战乱，疫病流行，百姓求医困难。王汝梅目睹是状，立志习医。其父王西纯系当地开明人士，积极支持。王汝梅遂发奋自学，研诵《本草纲目》《伤寒杂病论》《千金方》《女科经纶》等中医典籍，记录学习笔记百余本，搜藏中医书籍近千卷，收集整理民间良方装订成册。

在熟知中医理论基础上，1946年与本村5人开办药房，采药购药，行医治病，多有疗效，享誉乡里。1953年，药房按照政策归并卫生所，其中3人回村务农，王汝梅及王文龄留用。50时代后期组织推荐汝梅到山东省中医研究班学习，其医学水平进一步提高。1960年临朐县医院中医门诊改为中医科，王汝梅与高岱云、许含华等名老中医一并聘为中医科医生。

王汝梅从事中医多年，擅长内、妇科，精通呼吸、儿科疑难杂症。告老还乡后，因医术较高，数十年坚持为各地前来求医的患者开方治病，治愈众多疑难杂症，深得百姓好评。

1961年，临朐县为继承名老中医事业，抢救名老中医经验，给各老中医配备学徒，由县委宣传部出面主持，举行拜师仪式。当时确定师徒关系的有高岱云（师）、刘瑞祥（徒），许含华（师）、曾昭敏（徒），王汝梅（师）、白奎吉（徒），马中山（师）、林春香（徒），时人戏称"四老四小"。

马中山（1908—1986），临朐县迟家庄村（今属冶源街道）人。自学中医成才。中华人民共和国成立后，曾在临朐县中医肝病研究所、卫生学校、人民医院、荣复军人疗养院和城关医院从事医疗、科研和教学工作。1956年起，与冯鸣九、刘天章等先后到山东中医研究班学习，其间参与《论伤寒论》的编著，主编其中的《少阴篇研究》。结业后被派往荣军医院。

马中山曾当选政协临朐县第一届委员会委员。

马中山

吴克准

吴克准（1913—1955），字正平，临朐县吴家庙村（今属东城街道）人。其父吴名镇早年执教谋生，后因原配、再配均殁于妇科疾患，遂弃教学医，攻读药典医书，尤擅带下术。

吴克准侍父侧，在就读塾学时见父业医，颇受人尊重，遂志倾之，跟父学《药性赋》《汤头歌诀》《濒湖脉诀》《医学三字经》等药章。日后受父指教，渐瞻医药经典，诸如《内经》《本草纲目》《金匮要略》《伤寒论》《女科准绳》《血证论》等，渐悉岐黄之道。

父卒，准继其业，遂立"仁生堂"。半农半医，为邻里乡亲治病，颇受好评。当时，农村药源不足，吴克准便多用土方治病，譬如：用田螺捣泥浸敷疗水肿，皮硝、山栀粉碎敷贴治脾大，大蒜捣烂敷贴肿毒，醋泡燕窝土扫痄腮，祖传乌金丸灵活调引子治疗产后诸症，均获良好效果。

解放后，吴克准响应人民政府号召，于1951年参加了首次益临县营子区医联会，被推任为会长。他团结同道，互学互帮，旬定例会，交流经验，无不按期完成上级交代任务。在总结事医方面，他提出"三忌"，即初学首要忌"浮"，浮会使人无所适从；中期主要忌"傲"，傲不会使人学至完美；晚期最忌"怠"，怠会使人固步自封，没有结果。吴克准约章律己，医术渐高，登门求诊者，接踵而至。他每临症诊治，都是周密诊断，毫不疏忽。下录吴克准自书病例二则。

戊子（1948）季春，表兄郭某，年逾不惑，营小贩业，素体腴。偶感一症，颈、项、胸背、腰髀牵引灼痛，不可忍，呻吟床间，夜不成寐。历月余，数易医手，服药罔效。或谓其痰，善行数变，系风痹之症，予以羌活、防风汤等，不应；或为其痛，牵引拘急，系寒客经络，投以散寒、通络之品，亦不济；后延一外科医，谓其系火热入于血分，将致痈肿之患，投以清热解毒方药，痛势反剧。伊以谓余系诊妇科症，对此欠明。痛急相投，诊其脉弦而滑，苔黑滑黏腻，审其脉症，抛舍众论，拟属痰涎为祟，乃授予控涎丹十丸（如梧桐子大），嘱分两次，姜汤吞下。越数时，里急登厕，下黏涎物如鱼冻状盈盆，寻而诸痛消失。于此可见，前人所谓"痰生怪症"，信不谬也。盖痰之本，源出水湿，控涎丹能专攻水气，豁达脏腑、经隧之水湿，使痰无壅痹之虞，经络活利，痛自愈矣。

己丑（1949）重阳后，邻村小庄曾氏妇，年三十六岁。未及笄，患肺痨。既婚，痛经久不愈，信期参差，位左小腹部，有硬块，如鹅卵大，经行则痛甚，尤枕褥间，苦莫名状，经量多黯而凝块，将净则流污秽水样，断续连绵，且言二便不得畅爽。终日头晕眼花，四肢痛楚。屡经医治，膏丸备至，毫无减意。就诊于余，谛视其面目虚浮，形体羸弱，神疲气短，脉沉细欲微，舌质淡红，苔薄黄，忖其宿疾，罹体癥结显见，洵虚实交杂之症。前人多论此症，不外气之所聚，血之所凝，血气块硬，治当行气破血。但经文揭示："大积大聚，其可犯也，衰其大半而止。"不宜猛攻，有伤元气。顾此例患者，乃病久正虚邪实，须固元气为主，辅以攻伐之品，寓攻于补，宜可固正祛邪，不致有误，乃处方：黄芪 30 克、全当归 20 克、川芎 10 克、赤芍 10 克、醋香附 12 克、醋灵脂 10 克、乌贼骨 10 克、泽兰叶

10克、炒乳香10克、炒没药10克。服三剂，痛块势减；复进三剂，倍示改善。后经来潮，其块虽仍痛，经色却正。因其四肢疼痛较著，守方加鸡血藤30克，继复加炙鳖甲10克、炒桃仁3克，望而复朔。先后用药40剂，癥块消失。为善后以扶其正，续服八珍益母丸月余，竟获健康，孕而生一男。

吴克准善诗文，临床心得以诗志之，今录一例："昨朝治一痢，变方颇受益。初投败毒散，发热不得去。继改芍药汤，患者豁然愈。一意在解表，忽视苔黄腻。得之在俄顷，记之鉴后日。"旁记云："事医不读内难寒，纵然治好也茫然。"日积月累，得200余首，成《正平诗词集》，并著《妇科验案志》《妇科医话集》。

吴克准医道有成，医德亦善，只可惜43岁因肝病医治无效而离世。病笃时犹自口咏："莫道理者不可推，争奈寿者不可知。行医弗能益自寿，深愧犹是一庸医。"嘱其子继承医业，济世救人。

吴氏医学世传谱系：吴尚辉→吴名镇→吴克准→吴绍伯→吴维健、吴惠玲→吴玉斋，至今已传六代。

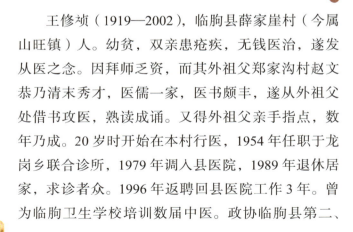

王修祯（1919—2002），临朐县薛家崖村（今属山旺镇）人。幼贫，双亲患疮疾，无钱医治，遂发从医之念。因拜师乏资，而其外祖父郑家沟村赵文恭乃清末秀才，医儒一家，医书颇丰，遂从外祖父处借书攻医，熟读成诵。又得外祖父亲手指点，数年乃成。20岁时开始在本村行医，1954年任职于龙岗乡联合诊所，1979年调入县医院，1989年退休居家，求诊者众。1996年返聘回县医院工作3年。曾为临朐卫生学校培训数届中医。政协临朐县第二、

王修祯

沂山
名医

三届委员会委员，1979年被山东省卫生厅授予"名老中医"称号。

王修祯学验俱丰，临证涉及内、外、妇、儿，但尤擅妇科，特别是不孕症的治疗，曾发表《经、劳、产后》《元气概论》等文章，著有《妇科证治》《妇科方诀解》《妇科验案》《临症随笔》藏于家。

子长庆、长城师之，孙玉昌亦从医。

王学密

王学密（1920—1968），临朐县洛庄村（今属寺头镇）人。14岁读完私塾，遂跟一老中医学习，通读《内经》《难经》《伤寒论》《温病条辨》等经典著作，并从师侍诊。后自设药铺，在乡里行医。1954年任职于联合诊所。1956年调入寺头医院（当时称卫生所）任中医。

王氏业医30余年，态度温和，勤奋好学。精于妇科，对不孕症有独特见解，治愈率颇高，远近求诊者络绎不绝。

沂源县

唐烁振

王太东

唐烁振（1885—1955），字金生，今沂源县土门镇芝芳村人。终生虚心好学，遇名医则以师待之。医术精湛，擅长内、妇、儿科，于内科杂病更有独到之处。1949年前设药铺曰"延益堂"。医德高尚，常能舍药济人，医名远及淄博、沂水、莱芜等地。

王太东（1891—1969），字峻岩，祖籍莱芜县苗山北柳子河村，1935年徙居今沂源县土门村，1938年定居于鲁村区王村。早年习医，精读中医四部经典，内、外、妇、儿诸科均通，尤擅长内科、妇科。行医60年，编著有《重订胎产方书》《丸散良方》等医籍，手稿尚存。曾任沂源县第五、六届人民代表大会代表。

少壮立志，习医济世。王太东出身于泰莱山区普通劳动家庭，自幼聪颖，靠父兄微薄收入读书。先入乡塾，后考入鲁西书院，熟读五经，尤善诗文。目睹山区群众缺医少药，贫病交加，立志攻读医籍，以医济世。投师淄博名医伯阳，靠名师指教，攻读四部经典，并悉心临床。对仲景之《伤寒论》《金匮要略》《医宗金鉴》等典籍研究颇深，运用自如。他医术精湛，医德高尚，乐善好施，凡贫苦群众求诊，有求必应，名扬四方乡里，在莱芜苗山，沂源鲁村、草埠、土门、燕崖，临朐九山一带，均负盛名。

"七七事变"前，他在原籍半农半医，因兄长夫妻病亡，家境贫困，经人介绍，于1935年到鲁村区土门一带行医维生。1938年，王村人、共产党员齐立堂在土门从教，他与之密交。齐以教师身份从事地下工作，请王太东以小药铺为掩护，了解敌情，收治革命同志。自此他投身革命，先后在王村、草埠开小药铺，为我八路军和当地群众服务，精心救治伤病员，结识了当地一批有影响的革命同志，受到革命思想的教育和斗争锻炼。此间，曾被扣以沟通八路之罪名关押了15天，罚粮两千斤。1940年他毅然将长子王希尧送八路军苗山区基干民兵团参军，后又送其到国民革命军第十八集团军山东纵队第四支队后方医院附属一所工作。在抗日战争和解放战争中，他以医疗为职业，广泛采集中草药，炼制膏丹丸散，利用土单验方，精心救治伤病员。此间，共产党和八路军的许多干部，如刘启奎等同志都与其交往甚密，结下了深厚的革命情谊。

解放后，王太东积极响应党的号召，组织联合诊所，先后在鲁村、王村、西坡等卫生所工作，专事中医诊疗，并发动群众，开展卫生防疫。他为人忠厚，不求名利，不畏权贵，医德高尚，每遇穷苦危重患者不收药费，舍钞以济贫。1945至1947年间，鲁村、莱芜一带疟疾流行，他采集中草药制成疟疾丹，免费为民医病。凡病急求医者，不问昼夜寒暑，饥渴疲劳，总以济世活人为先。常披星戴月，走乡串户，足迹遍及乡里，远及几百里。临终前患病卧榻年余，求诊者仍络绎不绝，他或跪床诊脉处方，或卧床看病施治，病者及家人感动不已。

解放初，党提倡科学，反对迷信，正合他之所愿。时王村一带，巫医神汉图财害命，甚为嚣上。他遵党之嘱，宣传科学文明，启蒙愚昧无知，破除封建迷信。王村有一神汉，装神弄鬼，草菅人命，他入其门而痛斥之。

王太东勤奋好学，平时常做读书、临床笔记，整理医案，积累经验。曾整理、编辑医案数十册

（后散佚）。后半生为临床和带徒所需，在医疗闲暇编著医籍，有《重订胎产方书》《丸散良方》《四诊要诀》《女科要诣》等，并亲手以清秀小楷抄写成册，发给每位徒弟学习参考，供临床所用。以上四部遗著，皆尚存于王太东之子孙及徒弟处。其著作纲目清晰，内容丰富，文词流畅，总论及各论皆通俗易懂。所著医籍，皆附有大量方剂和医案举例，并有亲身经验体会。如《重订胎产方书》，即为理论与实践经验相结合之精华，曾几易其稿而成书定名。该书中论述了产前38症、产后56症的理、法、方、药，附有经验良方251个、医案83例。书中还附有经、带、胎、产方面的常用方剂歌诀及治疗不孕症等常见妇科病的经验方。他编著的《丸散良方》，集有单方、验方、方剂120多个，皆为其临床验证之良方，其子孙及徒弟选用，无一不效。

王太东为使中医事业后继有人，以带徒传医为己任。他治学严谨，态度和蔼，授课由浅入深，重点教授中医经典著作。临床各科多是面授后指导徒弟临床实践，解答疑难，反复指教。先后带徒8人，分别是王希尧（长子，曾任临沂卫校高级讲师，自有传）、王希贤（曾任武汉军官学校校医，副主任军医）、王希孔（曾任北京铁路局工人医院副主任中医师）、宋建章（曾任沂蒙新华制药厂中医师）、刘同怀（部队军医，转业后曾任新泰县人民医院楼德分院院长）、齐元汉（曾任沂源鲁村医院中医）、吕士俊（曾任莱芜县人民医院苗山分院中医师）、王继充（次孙，曾任沂源鲁村煤矿职工医院医生），各有所成。

孔庆荣（1893—1966），字耀亭，今沂源县沟泉乡许村人。祖传世医，长于外科，慕名求医者甚众，且为人忠厚，待人热情，在当地及邻县享有盛誉。著有《临床经验集锦》《临床医案》，已佚。

孙文章（1893—1979），字焕廷，今沂源县燕崖乡西白峪村人。祖传世医，长于内、妇、儿科，求诊者远及百里之外，应接不暇。以济世活人为己任，贫富一视同仁，常解囊济贫。写有《医案》《验方摘》手稿，已佚。

闵繁功（1894—1968），字竹书，今沂源县石桥乡闵山宋村人。擅长中医妇、外、儿科，对小儿痘疹治验颇丰。业医50余年，济人之急，不务名利。著有《临床经验汇编》手稿，已佚。

张化一（1894—1980），字龙初，晚号讷翁，今沂源县东里镇韩旺村人。出身中医之家，祖父为当地名医，父亲张月斋亦通医理。他幼承庭训，潜心医学。18岁设馆课童，兼习医业，24岁悬壶于乡里，先后在韩旺、马庄、太平官庄、沂水县张庄、蒙阴县岱崮等地挂牌行医，堂号"博济堂""民生堂"。1944年春，接受中国共产党聘请，加入沂中县十区"利民医药合作社"，1948年转入沂水县十区联社药股，1956年调入东里医院工作，先后当选为沂源县第四、五、六届人民代表大会代表，1980年11月20日因病逝世。

张化一拥护共产党的主张，思想进步，医德高尚。与沂蒙山区的共产党人张会东（中华人民共和

孔庆荣

孙文章

闵繁功

张化一

国成立后任辽宁省原第一轻工业厅厅长）、张绍武（原山东医学院党委书记）、耿启明（原浙江林学院党委书记）等过从甚密。每遇穷苦危重患者无钱医治时，常舍药济贫。战争年代，沂蒙山区卫生条件差，他以忘我精神为解放区军民治病，深受好评。他业医60余年，擅长内、妇科，善用经方，治病多奇验，医名远播沂源、沂水、蒙阴三县。

沂中县十区区长丁文祥，患伤寒表散太过，复经前医峻药攻下，遂致神识恍惚，心胸烦热，夜不成，赤身裸体，坐卧凉地之上，其状若狂。张化一诊之曰："此栀子豉汤证也。"用栀子豉汤加瓜蒌，两剂而愈。曾治一江姓妇人，患心脏病吐血，心慌气促，遍尝中西药无效。诊得舌赤少苔，脉沉细而数，思之再三，断为少阴热化证，用黄连阿胶汤加三七、丹参，滋阴降火，活血止血，应手而效。

他精于辨证，治病多奇中，早年曾为沂水城南刘宅之姑娘看病。刘宅为沂水大户，前医多用参、地、术、芪等药，愈补而病愈不起。他诊视后认为：仕宦之家锦衣美食，待字闺中，所愿不遂，五志化热，虽身体羸弱，饮食难进，神情黯然，但面垢苔腻，舌质苍老，脉象濡数，已成湿热之势，遂与三仁汤加黄连宣通气分，清化湿热，六剂而病愈。他调理内伤诸病，常师法东垣，注重脾胃。在补剂中常加灵动之品，疏之达之，使补而不滞。治妇科诸疾，善调肝脾二经，常用四逆散、逍遥散主之并随兼夹症加减化裁，兼气虚则加党参、黄芪，兼血虚则加阿胶、熟地黄，夹痰加用陈皮、半夏，血瘀则用桃仁、红花。治妇人习惯性流产，自制一方：寄生30克、杜仲9克、山药30克、菟丝子15克、补肾固元，孕后每月服三剂，直到临盆，药少力宏，每获良效。

李稼祥（1895—1972），字学斋，今沂源县徐家庄乡小张庄村人。少年读私塾，婚后从其岳父学医，熟读经典，业医50余年，医德高尚，生活俭朴，常以施医舍药济贫。诊病耐心细致，医名著于乡里。善妇科。著有《医方集锦》《医学五字经》，已佚。曾当选为沂源县第四、五届人民代表大会代表。

王汝林（1895—1975），今沂源县张家坡乡南流泉村人。三代祖传世医，擅长外科，为人忠厚正直，善济人之急而不务名利，曾当选为沂源县第一至六届人民代表大会代表。

陈启汉（1898—1970），今沂源县三岔乡黑山峪村人。家贫好学，酷爱岐黄术，长于内、外科，针灸术更有独到之处。医德高尚，服务热忱，医名远及淄博、临朐等地。

李永达（1898—1983），字道任，今沂源县中庄乡李家河西村人。自幼习医，1925年悬壶乡梓。脉理精深，处方简明而配伍严谨，方圆数十里内颇有声誉，医德高尚。解放后入联合诊所，退职后仍热心带徒。八十高龄仍出诊。

李稼祥
—— 沂山名医 ——

王汝林
—— 沂山名医 ——

陈启汉
—— 沂山名医 ——

李永达
—— 沂山名医 ——

周学绍

周学绍（1901—1976），字庆武，今沂源县南麻镇侯家官庄村人。三代业医。精于中医内、妇科。解放前曾设"同德堂"于南麻，医名远及淄博、莱芜、沂水等地。

叶本第

叶本第（1901—1985），字道生，今沂源县土门镇朱阿村人，后行医迁居沂源县悦庄东瞭军埠村。1953年在悦庄卫生院工作，1962年调往沂源县人民医院工作，1965年退休。一生业医60余年，医术精湛、医德高尚，享有盛誉。中华人民共和国成立后被评为沂源县名老中医，曾连选为沂源县第四、五、六届人民代表大会代表。自任职诊所工作至退休期间，每年均被评为先进工作者。

叶本第自幼聪慧，但因家境贫寒，只读过四年私塾。16岁时，抱济世济民之心立志习医，投师于其外祖父杨氏，刻苦研读四部医学经典，面受指教，悉心临床实践。20岁时，遇天旱大灾，随全家逃难至山西临汾一带，以租种菜园为生，并继续潜心研究医学，孜孜不倦，锲而不舍，再度投名师求指教。数年后，学有所成，学验俱进。当时涉居山西者甚多，因不服异乡水土，有不少大骨节病、痈疡皮肤病患者，患者痛苦难以言状，因其致残者不在少数。他以自身学验治疗之，顿收奇效，一时名噪异地乡里，慕名求医者盈门不绝。24岁即受聘于临汾一大药店坐堂应诊。1930年，在今沂源县悦庄镇开业行医，堂号为"盛春堂"，后改为"同德堂"，兼营中药材批发，名气颇著。他思想进步，曾参加过当时刘惠民等人组织的"医学同盟会"，并与我党地下工作者秦昆等人交往甚密，在抗日战争和解放战争期间曾为八路军、新四军伤员治过病，为此受到国民党反动当局迫害，致使药店倒闭。1938年到悦庄镇东瞭军埠村定居，继续以行医为生。解放后，响应共产党号召，在县卫生医疗单位工作，直至1985年病逝。一生业医，恒无二志，兢兢业业，晚年抱病仍坚持带徒，为群众治病，将一技之长无保留地奉献给人民，实践了自己以医济世济民的志愿，颇受群众赞誉。

一生喜读书。对所读之书，遇重要之处及名医良方常自编成诀，编著有《便易良方》《世传经验良方》及教本笔记，今手稿尚存。对内、外、妇、儿等科疾患有丰富的临床经验，对某些疾病的治疗有独到之处。治病善用经方，但师古而不泥古。1947年温疫流行，民间俗称"烧汗"，民相染疫，甚至病死满门。他以清瘟败毒饮治之，皆收奇效。一时，慕名求医者甚众。他让家人备好定方，来者即投三剂，无不如鼓应桴。

治疗儿科疾病学验颇丰。对儿科"麻、痘、惊、疳、吐、泻、初生"等方面皆有研究，以自拟滋阴健脾方治小儿消化不良，预防高热惊痫，以自拟加味摄风散预防新生儿破伤风；以清金一贯饮治疗麻疹肺炎，皆收捷效。悦庄小水村一麻疹患儿，高热喘息、神昏，疹色黑紫，病情危重。服药一次，即神清疹和，喘息减轻。其邻居二男童患麻疹，症状亦然，即讨服余药，服后亦速见其效。故曾有"一方救三命"之美谈。

一生致力于妇科病研究，学验俱丰。总结出了一套对经、带、胎、产极为应验的方药。擅治月经不调、女性不孕等症。加味佛手散，对骨盆偏小致难产者效果极佳；薯蓣丸对男性不育者也有良效。

在内科病方面，以治疗癫狂、半身不遂见长。治狂证善用甘遂，每次用量达 6 克之多，可谓独到。治疗半身不遂，崇尚王清任"瘀血论"，以"补阳还五汤"为基方，便秘腹胀者加调胃承气汤，肝阳偏亢者加建瓴汤，言语不利者加大活血药用量。认为活血化瘀药皆能通窍，并认为原方活血化瘀药药量偏小，适量加大药量，可增加疗效。

乐善好施，医德高尚。对贫穷者常舍药舍钱以济之，从不图报。一生节俭，行医几十年却未修盖房屋一间，至退休后才修建草房定居，其高尚医德至今仍为人们所称颂。

崔永谌

崔永谌（1904—1987），今沂源县石桥镇大泉村人。幼年师从章丘中医孙宝山，1919 年，在师父帮教下于大泉村成立中药铺"广聚堂"，医术渐精后，师父孙宝山返回原籍。1923 年，崔永谌为寄托悬壶济世之理想，将"广聚堂"更名为"济世堂"，治病救人，广施仁心，乡邻大受裨益。1955 年，崔永谌积极参与公私合营，在村新成立联合诊所，被任命为所长，与上级指派的医生陈汉节、陈启玲、杨道泉一起坐诊，中西医结合服务村民。1958 年，"济世堂"合并到石桥联合保健站。1960 年，崔永谌被调至张家坡医院，坐诊于中医科。退休后回到大泉村，被聘于村卫生室发挥余热。

崔永谌医术精湛，擅妇科病、胃病、心脑血管病等疑难杂症诊治。历代医家有两大避讳，即"外不治癣、内不治喘"，他却对哮喘有独到见解。1967年 12 月，接诊邵家峪大队社员魏春芳，该患者哮喘多年不能治愈，已经到了喘不动气的程度，崔永谌采用麻杏石甘汤加减治愈。他善用经方，以及经方加减治病，用量小，不开大方，效果好，花钱少还能治大病，深得社员爱戴。工作中，他摒弃家学不外传的规矩，一边工作一边带徒，杨道泉、刘建吉、张富京及其四子崔昌坤均为其嫡传弟子。

1980年，村卫生室解散，出现了9家个人诊所，崔永谌诊所再启用"济世堂"之名，一直学习中医的四子崔昌坤成为"济世堂"第二代传人，其孙崔远富秉承祖训，于1997年考入淄博第二卫生学校乡村医生班进修学习，成为"济世堂"第三代传人。2006年8月，"济世堂"中医诊所迁至县城育才街。2020年4月，"济世堂"膏药制作技艺被沂源县政府公布为县级非物质文化遗产。崔永谌曾孙崔家瑞、崔曼青等人亦习中医。

白现奎

白现奎（1905—1961），字星文，今沂源县南麻镇南麻二村人。曾任沂源县医协会主席，深谙经典著作，善治妇、儿科，为人忠厚，服务热忱，在当地享有名望。曾写有验案验方数册，已佚。

翟济生

翟济生（1909—1997），今沂源县人。翟济生自幼家境贫寒，父母双亡，靠个人奋发图强，孜孜不倦，勤工俭学，于1927年考入山东公立医学专门学校。后又考入华北国医学院，1935年以第一名的优异成绩毕业。曾创办华北国医院察哈尔分院，任院长兼教学工作。1974年入同仁医院工作。翟济生从医60年，医德高尚，医术精湛，成绩卓著，并积极追求进步。1985年他在77岁高龄时加入中国共产党。

1992年开始享受国务院政府特殊津贴。

翟济生师承我国近代名医、原华北国医学院院长施今墨先生，受其数十年耳提面命教诲，深得其传。翟济生一生致力于施今墨学术思想和医疗经验的继承传播和发扬光大工作，曾任施今墨医药学术研讨中心理事长。翟济生既继承师传，又善探索创新，在识病、治病、预防疾病上提出许多独到见解，进一步完善和发展了施氏治胃十法和治咳八法，在心脑血管疾病上更是有新建树。他治学严谨，精勤不倦，85岁仍辛勤耕耘。他曾参加编写《施今墨临床经验集》《论中医改革的道路》等著作，撰写论文10余篇，书写带教日志近百篇。他立志发扬祖国医学，对学生循循善诱，无私奉献，诚朴可敬，有着丰富的临床教学经验。他先后与同仁堂药物研究部门开展了施今墨先生"抗老防衰"对药的研治、研用工作，被同仁堂药物研究部门聘为顾问，并再次合作进行了临床"牛黄清心丸"的疗效判定工作和"心脑爽"中成药的研制工作，在中医药科研领域积累了宝贵经验。

翟济生擅中医内科、妇科、儿科，尤以治疗咳喘病、脾胃病、心脑血管疾病为专长。主张辨证"以阴阳为总纲，以虚实、寒热、表里、气血为目"，倡导治疗内科疾病"以健脾和胃为先导"的理论，临床擅于运用"气血相关论""气机升降论"辨识疾病根源，治以"温通顺补""调理气血"等诸法。在临证用药上以对药、炭药、温补药为特色，创立了专方治专病，如"温中养胃汤""温胃制酸汤"治疗萎缩性胃炎，"脱敏定喘汤"治疗顽固性咳喘证，"宁心安神汤"治疗功能性心律失常等。

他长年坚持在临床第一线，与患者结下了深厚的感情，并在为患者热情服务的过程中，总结出各种患者心理治疗的多种方法。翟济生数十年苦心钻研，精求古训，并能博采众长，推陈出新，还善于借鉴西医的科学诊疗手段及现代医学研究中医中药的新成果，发展中医，提高中医临床诊疗水平。

唐建策

唐建策（1910—1975），字子方，祖籍鲁村镇一村，从祖父起流落于沂源县徐家庄乡涝坡村。出身于世医之家，为沂源县名老中医。

14岁时随父在鲁村镇青杨圈学医，一面随父临证，一面刻苦学习中医典籍。27岁时父故，即独自悬壶，在徐家庄乡邢家庄行医四年。后来回到涝坡一边务农，一边行医，药铺号"延益菊"。1947年8月参加工作，在黄庄区卫生所任中医师；1951年到县药材公司门诊部任中医师；1952年任南麻区卫生所所长；1957年到省中医进修学校进修；1959年到临沂行署卫生学校任教，讲授《伤寒论》《中医学概论》；1961年回沂源县人民医院任中医科主任；1974年5月回原籍涝坡村；1975年8月因病去世。

他治学严谨，对《内经》《难经》《伤寒论》《金匮要略》等中医经典尽终生精力悉心钻研，中医基础理论功底深厚，学验俱丰。学术上崇尚《伤寒杂病论》，擅用经方，长于内科和妇科。治病不落俗套，精于辨证，疗效卓著。曾治一叶姓患者，高热，头痛剧烈，他医屡用羚羊角等寒凉之剂，药入即吐，病增危重。唐建策诊后认为病在太阳经，用葛根汤加减，三剂而愈。

他一生忙于诊务，惜无著作传世。后有临沂市中医院刘兰田整理其治疗温热病之经验，名之《温病条辨便读》。

唐建策医德高尚，服务周到，态度和蔼，不分贵贱智愚，一视同仁，尽心赴救；不论白天黑夜，班上班下，有求必应，深得病家赞誉。曾任沂源县第二届人民委员会委员，第一、二、三、五、六届县人民代表大会代表，被评为临沂地区先进卫生工作者，多次被评为沂源县卫生系统先进工作者。

董宗鹏

董宗鹏（1913—2002），今沂源县鲁村镇杨庄村人，二区卫生所中医科创始人之一，擅长妇科、内科、儿科等疾病的诊疗。曾作为随队医生跟随沂源支前大军南下，荣获淮海战役二等功。中华人民共和国成立后，在杨庄供销社医药股工作，1955年合并到二区卫生所，1957年作为鲁村镇名中医代表参加沂源县第三届中医代表会，1961年11月作为沂源县中医代表参加临沂专署卫生局召开的中医代表会议。

周国谋

周国谋（1915—2011），今沂源县燕崖镇北安乐村人。少年丧父，家境贫寒，仅读不足一年私塾。成年后立志报效国家，遂于抗日战争中参加革命工作。先是到八路军设在织女洞的兵工厂工作，继而奉上级指派到悦庄镇消水村为鲁中南军分区创建水利工厂，自行设计安装以河水为动力加工粮棉为前线供应后勤物资。

周国谋在解放战争中被调往临沂行署水利科工作，负责勘测水源工作；当地解放后在沂源县政府实业科担任生产股长，1954年调任鲁村医院院长。周国谋博览大量医籍，刻苦学习医疗技术，竭志殚心，窍析至理，其医学知识得以稳步提升。他尤其酷爱钻研针灸之医术，经过不懈努力，掌握了针灸之术的基本功，并积极发挥创新精神，以针灸之术成功治愈一例聋哑患者。他灵活运用辨证论治，为无数患者解除了各种病痛。

1957年他参加山东省中医研究班学习。其间学习各门中医理论知识，旦夕寝馈于医籍之中，深谙医理之本源，理论联系实际，品学兼优，毕业时留校任教。任教期间，为人师表、恪尽职守、倾心授业。因其具备坚实理论基础和丰富的临床经验及谦虚谨慎、认真务实的工作态度，深得校领导及同事们的信任。特别是深受时任党委书记向克（省卫生厅厅长兼任山东中医学院、山东医学院党委书记）和院长刘惠民（其为毛泽东主席的保健医生）的器重，周国谋成为其得力助手。在某些疑难病症治疗中，刘惠民院长毫无保留传授临床经验，使周国谋的学识水平、临床医术不断提高。对来自各地慕名求医者，无论什么阶层的患者都一视同仁，倾其医术精心救治，深得广泛褒誉。

他1965年调到山东卫生干校任教，1968年在山东建筑医院中医科工作。1968年中国赴坦桑尼亚医疗队，在山东集中学习针灸技术，省卫生厅指派周国谋讲授针灸诊疗技术。1970年因备战疏散城市人口，时任县委书记李顺祥将其从省城调回沂源县，在县人民医院任门诊部及中医科主任。1973年济南市一领导病重，通过省卫生厅联系县医院邀请周国谋前往省医院会诊，仅用一根银针便使其起死回生。

周国谋始终坚持学习，离休后仍订阅大量中医书刊，不断提高医疗水平，临终前一个月还阅读中医杂志，写读书笔记，总结经验。晚年即使行动不便也从未间断为患者治疗，并总结出治疗冠心病、脑梗、高血压、骨病、肝病效验极佳的验方，尤其擅长用针灸治疗银屑病，可谓活到老、学到老、干到老。

张道成

张道成（1916—2000），今沂源县西里镇桑树峪村人。自幼学医行医，先后在本村及金星、燕崖等地行医。被沂源县卫生科派到济南灵岩寺中医学校进修学习中医，毕业后，被省防疫站分配到费县，后调入沂源县人民医院，1958年调入东里镇医院工作，1974年退休，2000年2月去世。行医50多年，精通各科，经验丰富，擅长妇科、儿科和外科，多科并进，声名远播沂源、沂水、临朐、蒙阴等地，其医德清廉，医术精湛，为沂源县已故名老中医。

张道成擅长运用中医治疗妇科疑难杂症，很多人慕名而来。黑龙江省一对夫妻婚后7年未怀孕，多方求医医治无效，却因吃药导致过度肥胖，体重一度达到80多公斤，确诊为肾虚宫寒而不孕。他通过望闻问切，用温肾暖宫补阳办法对其进行治疗，用四物汤加减，加丹皮、吴茱萸、薏苡仁、丹参、红花、杏仁、益母草熬汤。患者服药一年之后喜得贵子。他悉心研制配方，用自己熬制的益母草膏治愈了不少此类患者。

张道成在针灸技法上有独到之处。黑山子村李某家属晚上半夜三更突发精神失常，又喜又哭，又笑又骂，见人就打，不好治疗。听闻张道成擅长针灸，便请其治疗。张道成先从头部针百会穴，后针曲池穴、合谷穴，几分钟后患者便安静下来。此外用针刺放血疗法治疗儿童惊气病效果更是神奇。他认为针灸不耗费医疗资源，能减少医疗开支，嘱咐徒弟们要认真钻研针灸业务，为广大患者服务。

他还专研儿科、内科、外科等多种学科，深受广大患者欢迎。如河南村一名患者在医院住院十多天，输液、服药仍不见好转，便找到他转用中医治疗。该患者行房后喝了冷水得了严重胃病，骨瘦如柴。经诊脉问诊后，用附子理中汤，三剂止病，九剂药后胃病治好，调养一段时间后能参加劳动。再如王某小儿夜间啼哭不停，住院治疗效果不佳，用7个蝉蜕去头足，以灯心草为引，煎水送服，当天晚上好转，服用两剂症状便消失。

张道成离休后回到桑树峪老家，在村卫生室继续为村民服务，发挥余热，一干就是十几年。人们都称他"名医"，他自己却说："病有先后，医无大小，治病救人是我的本分，为患者解除疾苦才是我的心头之事。"他因年事已高不得不离开村卫生室后，又回到家里办起个人诊所继续为乡亲们看病，直到去世。

他常说："人常和悦，则心气充而五脏安。"他一生艰苦奋斗，勤俭持家，善良忠厚，医德高尚，上至耄耋，下至幼童，大家都非常尊重和爱戴他。

李玉籼

李玉籼（1917—1981），字黼莆，号百易山人，今沂源县西里镇大家万村人。儒学功底颇深，自学中医成名。长于中医内科及妇科，善用经方及温病诸方化裁，一生务农，不以医为业。研释经典不遗余力，在本地享有声望。著有《广义伤寒》一卷，《内经脉诊简释》二卷，《金简义》九卷，《伤寒论简释》六卷及验方集锦，共50余万字。

柳汝鉴（1918—1984），今沂源县南鲁山镇车场村人。自学中医成才后弃教从医，长于妇科兼长内、儿科，精于辨证论治。在三岔、临朐、博山一带享有盛名。著有《妇科集锦》《医学漫笔》及读书笔记。

王希尧（1919—2008），祖籍莱芜县苗山北柳子河村，1935年随父王太东徙居今沂源县土门村，1938年定居于鲁村区王村。原临沂卫生学校离休干部、高级讲师。

1939年8月参加革命工作。1939年8月至1942年10月，在八路军四支队后方医院任看护员、护士；1942年10月至1945年7月，在沂源县鲁村参加土改工作；1945年8月至1948年8月，在沂源县王村参加土改并任防疫员工作；1948年9月至1949年1月参加淮海战役（跟随16纵队）任医生；1949年1月至1955年9月在沂源县鲁村卫生所任医生；1955年9月至1959年3月在沂源县东里公社医院任医生（其间被委派到灵岩寺山东省中医进修学校学习两年毕业）；1959年3月至1967年4月在临沂地区人民医院，先后任中医医师、针灸医师、主治医师，坚持中医针灸门诊和中医针灸查房，在针刺麻醉和急危重症抢救方面做出贡献；1967年4月至1990年10月在临沂卫生学校任讲师、高级讲师；1990年11月离职休养。2005年获中共中央、国务院、中央军委颁发的中国人民抗日战争胜利60周年纪念章。曾任两届政协临沂市委员会委员。

在革命战争年代，他积极参加抗日战争战地救助伤员工作，先后参加了著名的莱芜战役和淮海战役，并荣立二等功。1949年后，他认真钻研业务技术，努力提高诊疗水平，以解除人民群众疾病痛苦为己任。到学校任教后，他热爱本职工作，学风端正，为人师表，尽职尽责，坚持理论与实践相结合，培养了大批卫生人才。同时，他十分注重经验总结，多次主编或参编中医针灸学科的教材、论文和著作，为后人留下了宝贵的精神财富。他为人谦和、作风正派，视患者如亲人。离休后，积极发挥余热，继续为患者解除疾苦，直到病重卧床。

任相文

任相文（1928—2005），今沂源县悦庄镇西赵庄村人。15岁随父亲在"益寿堂"出堂坐诊。后分堂坐诊，名为"益东堂"。1952年他加入赵庄联合诊所，任县中医针灸训练班及第一届中医进修传承班主讲教师。1957年他被沂源县卫生科派到山东省中医进修学校（校址在济南灵岩寺）学习深造，1961年11月参加临沂专属卫生局中医代表大会，1976年调入县人民医院，退休后返聘到卫生院工作。他在妇科、肝病、儿科方面造诣颇深。他编写的《五泻心汤治疗肠胃病》《验方"贯众五灵脂"止血》在《上海中医药杂志》发表。1956年被沂源县人民委员会评为"卫生楷模"。其授课诊病手稿本尚存。

江伯才

　　江伯才，今沂源县石桥镇南庄村人。精通医术，在该村行医。1948—1955 年，在南庄村设立"杏林堂"药铺服务群众。中华人民共和国成立后，中庄成立卫生院，江伯才转入该院从医。1961 年参加临沂专署中医代表会议。曾任沂源县第五、六届人民代表大会代表。

沂水县

八世医学世家 东莞徐氏

沂水徐氏的远祖自汉代起居住于东莞（今沂水县），传至三国两晋时期，发展成为名门望族，史称"东莞徐氏"。南北朝时期，东莞徐氏在文学和经学方面多有成就，更为引人注目的是发展为一个庞大的医学世家。"东莞徐氏"医学世家的开山人物是徐熙，以医术奕叶相传。经过熙子秋夫，秋夫子道度和叔响，道度子文伯、叔响子嗣伯和謇（成伯），成伯子践、文伯子雄，雄子之才和之范，之才子少卿、之范子敏（一作敏齐），敏齐子复，历时八世，皆善医术。其中最有名的是徐之才。东莞徐氏家族著述多达40余种，涉及杂病、妇科、儿科、方药、针灸等科类。其中徐叔响一人就著书16种，达170卷之多，在医学史上颇为少见。官修《南史》评价："徐氏妙理通灵，盖非常所至，虽古之和、鹊，何以加兹！"东莞徐氏医学世家历时之长、名医之多、医术之高、医名之显、著述之富、影响之大，实为我国医学史上所罕见。这一现象对于当今中医学的传承与弘扬，仍具有重大现实意义。

徐 熙

徐熙，晋东海人，家居东莞（今山东沂水县），官至濮阳太守。熙好黄老，隐于秦望山，有道士过求饮，留一葫芦与之曰："君子孙宜以道术救世，当得二千石。"熙开之，乃《扁鹊镜经》一卷，故精学之，医术之名，遂闻遐迩。

熙后子孙业医延八代，历200余年，声震海内，名垂青史。

徐秋夫，南朝宋人，徐熙子，官至射阳令。袭父业，尤工其术，且善针灸，每遇腰痛之疾，施以针药，应手便愈。

徐秋夫生二子，长子道度，次子叔响，皆能精其祖业。

徐道度，南朝宋人，家本东莞（今沂水县），宋射阳令秋夫之子，官至兰陵太守。以医术精妙，为宋文帝宠信。据《南史》记载，徐道度素有脚疾，行走不便，宋文帝便令乘小舆入殿，为皇家疗疾，无不绝验。文帝赞曰："天下有五绝。""五绝"分别指杜道鞠的弹棋、范悦的诗、褚欣远的书法、褚胤的围棋、徐道度的医术。

徐道度之弟叔响、之子文伯，亦精医术，著述丰富。

徐叔响，南朝宋人，射阳令徐秋夫之次子。刘宋时官大将军参军。精于医术，与兄道度皆善医药，长于针灸、杂病、儿科、妇科、本草之学，经验丰富，影响很大。《隋书·经籍志》载其著述有：《针灸要钞》一卷，《玉贵针经》一卷，《赤乌神针经》一卷，《岐伯经》十卷，《本草病源合药要钞》五卷，《四家体疗杂病本草要钞》十卷，《解寒食散》六卷，《解散消息节度》八卷，《体疗杂病疾源》三卷，《杂疗方》二十二卷，《杂病方》六卷，《疗少小百病杂方》三十七卷，《疗少小杂方》二十九卷。《旧唐书·经籍志》载其著述尚有：《脚弱方》八卷，《妇人方》二十卷。《新唐书·艺文志》载其著述尚有：《徐氏脉经诀》三卷。共计16种，170卷之多。观《隋书》《唐书》可见，叔响著述涉及经典、脉法、药物、方剂、针灸、杂病、妇科、儿科等，其内容之宏，著述之富，世所罕见。其中，《疗少小百病杂方》和《疗少小杂方》，是中国古代儿科医学萌芽期的奠基成果之一。《杂疗方》是当时有名的医学著作，虽原作早已散佚，但在其他一些古典文献中尚有部分保留，可窥其梗概。

叔响之长子嗣伯、次子謇（成伯）皆精医术。

徐文伯

徐文伯，字德秀，南朝宋人。曾祖父熙、祖父秋夫、父亲道度。徐文伯绍承祖业，医术尤精。在宋孝武帝至后废帝时期（454—477）供职内廷，与南朝齐文学家张融（444—497）款好。刘宋覆灭后仕南齐，位至东莞、太山、兰陵三郡太守，世称"徐太山"。

《南史·徐文伯传》载："文伯亦精其业，兼有学行，倜傥不屈意于公卿，不以医自业。"并通过3个故事说明了徐文伯高深的医道。其一：宋孝武帝路太后病，众医不识，文伯诊之曰："此石搏小肠耳。"乃为水剂"消石汤"服之，病即愈。除鄱阳王常侍，遗以千金，旬日恩意隆重。其二：宋明帝宫人患腰痛牵心，每至辄气欲绝，众医以为"肉癥"，文伯曰："此发癥。"以油投之，即吐得物如发。其三：宋后废帝出乐游苑门，逢一妇人有娠，帝亦善诊，诊之曰："此腹是女也。"问文伯，曰："腹有两子，一男一女，男左边，青黑，形小于女。"帝性急，便欲使剖。文伯恻然曰："若刀斧恐其变异，请针之立落。"便泻足太阴，补手阳明，胎便应针而落，两儿相继出，如其言。尤其第三个故事，略懂医道的宋后废帝判断孕妇怀的是女孩，徐文伯并不人云亦云地苟且附和，而是判断孕妇怀的是一男一女，且男小于女。凶狠残暴的宋后废帝便欲使人剖腹以验证。徐文伯请求以针灸催生，"针之立落"，既体现了他高超的医道，更体现了他的人道主义精神。从此则故事我们可以了解到，在南北朝时期，针刺用于堕胎、催产已有相当的经验。元代窦汉卿在《通玄指要赋》中还提及"文伯泻死胎于阴交"一事，在针灸发展史上添上了精彩的一笔。

徐文伯医学著述颇多。《隋书·经籍志》载其著述有:《辨伤寒》一卷，《伤寒总要》二卷，《药方》二卷，《辨脚弱方》一卷，《堕年方》二卷，《本草》二卷，《徐氏杂方》一卷，《少小方》一卷，《本草经类用》三卷，《疗小儿丹法》一卷，《徐太山试验方》二卷，《徐文伯疗妇人瘕》一卷，《徐太山巾箱中方》三卷，《徐太山房内秘要》一卷。共计 14 种，23 卷，今多散佚。

文伯子雄，亦精医术。

徐 雄

徐雄，南朝齐人，宋泰山太守文伯之子。官至兰陵太守、员外散骑侍郎、奉朝请。精于医，善诊疗，医术为江左所称。雄善清言，多为贵游所善，且事母孝谨，因躬亲侍奉其母，久劳成疾。后母病，又值兄亡，悲痛过甚而卒。事见《南史·张邵传》。

长子之才，为南北朝时期最著名的医学家之一。

徐嗣伯

徐嗣伯，字叔绍，南朝齐人。曾祖父熙，祖父秋夫，父亲叔响。嗣伯很有孝行，善于清谈，官正员郎、诸府佐。南齐建元间（479—482），为临川王萧映属下，颇受器重。嗣伯医术精妙，辨证施治，明悟果断，治病多有奇迹。

《南史·徐嗣伯传》载，直阁将军房伯玉服五石散十余剂，以求温补和增内热，不想事与愿违，他更怕冷了，以至于夏天也要穿棉袄。嗣伯为他诊脉说："将军有热气伏于内，须用水来激发，且非在冬天不可。"到冰天雪地的11月，嗣伯命两人捉住房伯玉，解开衣带令其坐在冰冷的石头上，取冷水从头上往下浇，浇完20斛，伯玉便口闭气绝。他的家人啼哭着请求嗣伯停下来。嗣伯命人拿手杖防护，若有人劝阻即痛打之。浇完冷水百斛，伯玉开始能够活动，且背上冒出热气。过一会儿他坐起来说："我太热了，请给我饮冷水。"嗣伯给他凉水喝，他一喝就是一升，疾病就此痊愈。"自尔恒发热，冬月犹单裈衫，体更肥壮。"

《南史·徐嗣伯传》还记载了徐嗣伯治疗疑难杂症的一个案例：有一年春季，嗣伯出南篱门游玩，听见一竹帘篷里传出呻吟声。嗣伯说："此人病很重，过两天不治必定会死。"于是前往探视，见一老妇人自称身体疼痛，但见她身体满是黯黑色块。嗣伯返回，煮斗余汤药送去令她服下，服后病势更为严重，患者疼痛得在床中翻滚。不一会儿，身体色黯处都拔出一寸左右的疽钉。后以药膏涂搽所有疮口，三天后患者康复。此病称"钉疽"。

徐嗣伯亦多有医学著述。《隋书·经籍志》载其有《落年方》三卷，《药方》五卷。《旧唐书·经籍志》载其有《杂病论》一卷。《新唐书·艺文志》载其有《彭祖养性经》一卷。共计4种，10卷，惜已佚失。

徐嗣伯弟謇，字成伯，事北魏，以医显。

徐謇

徐謇（424？—504），字成伯，北魏人，出身于医学世家。曾祖父熙，祖父秋夫，父亲叔响。徐謇与兄文伯皆善医药。謇因至青州，正遇北魏慕容白曜平东阳，遂被其俘获，送至京师。北魏献文帝知徐謇是一位名医，为验证其才能，便将一些患者置于幕中，让徐謇隔幕诊脉，而徐謇却能深得病形，兼知色候，于是被献文帝所宠幸，任为中散，不久迁内侍长。徐謇处方虽然不及一些医生灵活，但他所开药剂疗效却胜过其他人。

徐謇精于制造药剂，疗效极好，王公大臣都争着请他看病。徐謇性格怪僻，对于看不惯的人，即使是贵为王公，他也不给其治疗。孝文帝深知他的才能，迁都洛阳后，对他极为宠信，先后任命他为中散大夫、右军将军、侍御史。孝文帝及宠妃冯昭仪身体不适时，都令徐謇前来诊治。孝文帝太和二十二年（498），孝文帝拓跋弘率领大军讨伐南齐，到达悬瓠（今河南汝南），忽然疾病发作，命驿站快马加鞭赶到京师召徐謇。徐謇从水路出发，昼夜兼行数百里，见到孝文帝，经他治疗之后，孝文帝很快便康复如初。孝文帝召集百官，特地为徐謇设宴，并当席颂扬徐謇扶危救世之功。随即孝文帝下诏，任徐謇为大鸿胪卿、封金乡县伯，并赏赐丰厚财物，诸位亲王也纷纷给他馈赠。徐謇跟随孝文帝到邺，孝文帝的病还是时常发作，徐謇日夜守候在他身边。

"明年，从诣马圈，上疾势遂甚，蹙蹙不怡，每加切诮，又欲加之鞭捶，幸而获免。"孝文帝驾崩，徐謇跟随皇帝灵柩回到洛阳。

徐謇养生有道，善于保养身体。80岁时，鬓发依旧没有变白，身体硬朗。北魏宣武帝正始元年（504），徐謇被封为光禄大夫，加平北将军。死后8年，又被赠安东将军、齐州刺史，谥号"靖"。

徐之才
——沂山名医

徐之才（492—572），号士茂。祖父文伯，父雄。徐雄医术为江左所称，传至之才，一举绍其先业，用药之验，名冠江东。徐之才初仕南朝梁，后仕北魏、东魏、北齐，以其精医术与多才智为历代所重用，成为南北朝时期具有重大影响的医学家。

之才自幼聪慧过人。有一次他跟堂兄徐康到太子詹事周拾家听他讲解《老子》，周拾为他俩准备了饭。吃饭时，周拾开玩笑说："徐郎吃饭倒是挺积极，学习就不见得这样了。"徐之才立即回答说："我听说圣人都是这样先填饱肚子才来探讨学问的。"周拾没料到年幼的孩子竟能做如此回答，极为赞叹并重赏了他。13岁进入太学学习，刘孝绰、裴子野、张嵊等人经常提问他《周易》中的深奥问题，之才总是对答如流，遂有"神童"之誉。

徐之才初仕，担任南朝梁丹阳尹主簿，很受上司赏识。后来又被豫章王萧琮聘为镇北主簿。萧琮投降北魏后，徐之才在吕梁被北魏统军石茂孙扣留。萧琮打听到徐的下落之后上奏魏帝："之才大善医术，兼有机辩。"于是魏孝明帝立即下诏征徐之才。孝昌二年（526），徐之才到洛阳，受到非常礼遇。由于他医术高超，人缘又好，加之精通经史，为人机敏，能说会道，所以朝中大臣争相保举。孝武帝时，他被封为昌安县侯。孝静帝天平年间，高欢把徐之才召到昔阳（今山西太原）以礼相待，知遇甚厚。武定四年（546）由散骑常侍升为秘书监。

北齐皇建二年（561），徐之才任西兖州刺史，尚未到任，正值娄太后患病，诏之才诊治，应手而愈。孝昭帝高演特赐徐之才彩帛千段、锦四百匹，从此名震朝野。上自君亲之疾，下及贫贱之厄，凡延之才诊治者，无不精心疗之。皇亲国戚达官贵人患病都要找他诊治，即使他偶尔被派到外地为官，不久又被召回京城。太宁二年（562）春，娄太后又患病卧床。当时徐之才的弟弟徐之范为御医，受命负责诊治。之范有些为难地对之才说："今太后病笃，内使皆信巫媪言，令呼太后为石婆，欲以俗忌而改名厌制之，以弟愚见，太后之病虽良医而莫为，不知兄意若何？"之才默然良久说："用巫媪邪说，妄也。今太后已年逾六旬，痼疾复发，已成膏肓之变，故难医也。观本病之发展，当于四月有恶候。"至四月一日，武明太后果崩。

徐之才虽为名医显臣，行医并不分贵贱，尤悯劳苦之众。有渔夫患脚跟肿痛，诸医诊视而无效，以致疾苦久不得除。之才诊曰："此病盖因乘船入海，常垂足于水中，水湿浸渍，渐生是疾。"患者曰："实曾如此。"之才曰："现病已内结成甲，已非药石所及，须行解剖术除之。"患者欣然受治，果从患处剔出如蛤子状病块二枚，大如榆荚，病遂愈。

高湛继位之后，因酒色过度，得幻视之病，每当病发就看见空中有五色物，缤纷缭绕，若明若暗。近视则立即变为一个美貌女子，若去地数丈，婷婷而立，不觉神移情骇。高湛急召之才为他诊治。之才说："这是纵欲过度大虚引起的。"于是煎药使高湛服下，幻觉逐渐消失。身体好转之后，他又继续纵情作乐，结果又一次发病。徐之才用针灸和汤药结合治疗使之痊愈。徐之才劝高湛一定要清心静养，不能再近女色，否则后果难测。高湛坚持了不久又一如既往，导致疾病复发。此时，徐之才外任兖州刺史，高湛赶紧敕令他回京。等徐之才赶到时，高湛已在一天前驾崩。

高湛死后，年幼的后主高纬继位。高纬只知声色犬马、奢侈腐化，很少过问朝政，号称"无忧天子"。朝中陆令萱、和士开等佞幸小人朋党勾结，把持朝政，嫉贤妒能，排斥异己，腐败成风。徐之才在兖州刺史任上，尚能够洁身自好，清正廉洁。武平元年（570），徐之才被召回担任尚书左仆射。不久后被升为尚书令、封西阳郡王。

徐之才聪明机敏，风趣幽默。《北齐书》记载，北齐武成王生齘牙（即真牙），问诸医。尚药典御邓宣文以实对曰："此为齘牙。"表示齿已出齐，人已成年。武成王怒而欲鞭挞之。之才拜之曰："此是智牙，生智牙者，聪明长寿。"武成悦而赏之。《内经》曰：女子三七，男子三八，肾气平均，真牙生而长极。徐之才把"真牙"戏之曰"智牙"，不但替邓宣文解了围，而且使后世医家以"智牙"取代了"齘牙"之称。徐之才跟大臣同僚之间，更是经常妙语连珠。为了表明自己为官清正，他说："我在江东时，见徐勉作仆射，朝中官员很多人都千方百计巴结他，我现在也是徐仆射了，怎么没人来给我送礼呢？真是很惭愧呢！"

徐之才一生，履仕宦之途，行岐黄之道，博经史，解天文，精医术，堪称一世宏才，由是名重于仕宦，得宠于诸帝。他行医上自君臣，下及黎庶，多广受其裨益。徐之才能历事诸帝，成为数代元老，不仅因为他的高超医术，更得益于他敏锐的政治目光、成熟的政治才能以及善辩的口才。徐之才死后得赠司徒公、录尚书事，谥号"文明"。

徐之才在医学上的突出贡献是首创方药为宣、通、补、泻、轻、重、滑、涩、燥、湿十剂，其"十剂"之分，使得后世业医济世者用药处方有纲目可循，为后世医家之准绳。著有《徐氏家传秘方》二卷，《徐王方》五卷，《徐王八世家传效验方》十卷，《雷公药对》二卷，《小儿方》三卷，《明冤实录》一卷，《逐月养胎方》一卷等，可惜多已佚。

徐之范
附徐敏齐

徐之范（506—584），南齐兰陵太守徐雄次子。初仕梁，武帝时任嗣王府参军，后随入蜀。侯景之乱，跟随兄徐之才于天保九年（558）仕北齐，医术颇著，以技显。担任太长卿，为尚药典御，后袭之才爵位为西阳郡王。北齐灭，入北周，授仪同大将军。北周灭入隋，仕恒山太守。卒葬今嘉祥县满洞乡英山之阳。

子敏齐，承其家学，医术甚工，博学多艺。周灭入隋，开皇中赠朝散大夫。敏齐子复，亦善医术。

东莞徐氏从徐熙开始由北入南，到徐謇、徐之才由南返北，对于南北地区医学文化的交流与交融，具有积极意义。"这个世家从徐熙开始，子孙遍布大江南北，医学世传八代，著名者达十五人，他们出入朝廷，为达官贵胄治病，奇效迭出。他们官秩很高，深受历代皇帝宠信。他们的医著以家族为计算单位，数量之多在当时居全国首位，其中以徐文伯和徐叔响最多，医学世传的代数之多亦独领风骚。”

徐氏医学世家在中国医药学发展史上占有极其重要的地位，其代传医术的教育方法对后世影响深远。

刘泽芳

刘泽芳，大约生活于明末清初，字德馨，青州府沂水县人。清初书法家、官吏、名医。性任侠不羁，赀财巨万，士大夫居京师者多所周济。刘泽芳为顺治二年（1645）乙酉科京闱举人，顺治丙戌科（1646）三甲第86名进士。当年四月即选为庶吉士。后由翰林院检讨升为翰林院编修。不久升任两淮盐运司同知。后侨居江宁。敕授文林郎、内翰林、宏文院检讨。著有《竹嫩诗稿》。

刘泽芳不仅是一位有作为的官员，而且还是一位医林高手。他的《名医类编》有顺治十四年（1657）刻本，为国内孤本，不分卷次，按部类编排。约18万字。书前有“叙”一篇，“凡例”六则。作者自《叙》曰：“曩余居都门，苦无医。病时，自考《难》《素》，而以五行乘制之法疗之，无弗验。已而家人病，疗亦辄效。久而方成帙，又藏古方数帙，不遇明理者商订，遂蠹笥中。”“后商之程子（程应旌，字郊倩），俾为厘定，程子复大愷曰：‘洵亟匮秘文也。’微加点次，靡不与余意相发明，盖能探五行之蕴，自不觉水乳之合，因授先生，其复审详参，付之剖劂，命曰分法类编。”叙后自署“顺治丁酉（1657）夏朔鲁史刘泽芳德馨甫题于广陵署中。”“凡例”论述将疾病按五行五脏分类的道理。

本书主要内容可分三大部分。第一部分介绍诊断方法，即切脉要领和各种脉象。第二部分介绍药性，作者编成了240首四言歌诀，每首四句，介绍了240味常用中药的药性和主治。第三部分内容最丰富，分门别类地介绍了治疗"十大部类"常见疾病的近千个处方及其炮制方法。《名医类编》最大的特点是以病证带方。全书近千首方剂，一部分来源于古代名医，如李杲、王肯堂等；一部分来源于明朝内府禁方，如补养门中的药酒；另一部分来自民间单验方，如用一味紫背浮萍治诸风，名"梵碑丸"。书中记载道："宋时东京开河，掘得石碑梵书，诗云：'天生灵草无根干，不在山间不在岸。始因飞絮逐东风，泛梗青青飘水面。神仙一味去沉疴，采时须在七月半。选甚瘫风与大风，些小微风都不算。豆淋酒化服三丸，铁镤头上也出汗。'——此江宁道士秘授。"对这类单方，作者每每记述详细，并时常附以本人治验体会。由于刘泽芳文学素养较高，又有一定临床经验，对疾病的介绍，每要言不烦；对方药选择，或出自前朝轶闻，或得自民间经验，皆有根有据，可参可法。

赵宜棠（1849—1918），江西南丰人，光绪十五年（1889）来山东，寓居沂水县界湖（今属沂南县），以开设"济生堂"中药肆谋生。精于中药炮制，善医术，长于温病。时疫病流行，赵宜棠施善德，贫者求药不收药钱，救人甚众。晚年著有《医案》三卷，皆因战乱佚失。

子秉文，字士恒，袭父业，专于中药炮制与鉴别，是沂水一带中药炮制名手，所制中药远近闻名。士恒为人正直，讲信义，重孝行，深受当地民众敬

赵宜棠

附赵秉文

爱，被尊为长者。其子不失家传，仍精于中药炮制与鉴别术。

赵履堂
—— 沂山名医 ——

赵履堂（1857—1947），字儒，沂水县南庄村（今属沂城街道）人。精岐黄术，以善治外科而闻名。赵履堂自治蟾酥丸、中九丸。中九丸在民间被称作灵丹妙药、著名外科十三方的第一方，是古代帝王追宠的长生不老药之一，有"仙丹""九转回春丹""九转还魂丹"之称。其纯以金石药物为主，再辅以名贵中药炼制而成，具有窜经走络、钻筋透骨、逐毒下行之功效，对于痈疽疮毒、脉管炎、骨髓炎、风湿性关节炎、鹅掌风、臁疮、梅毒及各种恶性肿瘤等疑难杂症均有奇效，是中国中医药宝库中的一朵奇葩。赵履堂的中九丸，临床运用每取良效，运用阳和汤加减临证，颇得心法。因无后代，赵氏医术未得传承。

刘荫林
—— 沂山名医 ——

刘荫林（1867—1936），沂水县刘家店子村（今属院东头镇）人。刘翰林中策之三子，号称"三先生"，行医于"谦瑞昌"药肆。他学通五经，精岐黄术，善治伤寒时疫，医名颇著。

刘本谦
—— 沂山名医 ——

刘本谦（1869—1941），字益亭，沂水县沂城街道人，祖籍江西。父亲刘时富徙居沂水，创办了"保和堂"中医药铺。本谦早年从师于举人刘岩（字鲁山），后承父业精研医学经典，勤奋好学，钻研《内经》《难经》和《伤寒论》，多有心得，遂医名大振。刘本谦性格刚直不阿，傲视权贵，重义轻财，乐善好施。对贫病交困之人慷慨效力，一心赴急，怜贫之举，常感人泪下。刘本谦兼善书画，是当时沂水县著名书法家。家有诗社，喜交文士，为沂水一代名士。子孙传其业，亦为乡邑名医。

潘士林（1870—1966），字志堂，沂水县康家庄子村（今属许家湖镇）人。早年设馆教学，兼习岐黄术，颇悉《内经》《伤寒论》之理，后熟读《陈修园四十八种》和《医宗金鉴》等书，临床经验丰富，用药谨慎，多取轻量小方以取奇效。为人温和持重，诊病细心，当地民众深敬爱之，其医术著称于沂水南乡。晚年带徒多人，皆有所成。

徐玉甫（1872—1948），字贯卿，沂水镇人，祖籍临淄。早年其父徐迟迁沂水，开设"有恒堂"业医为生，他随父学医。父殁，继家业，临证济世40余年，学识渊博，医道精熟，名著四方，且医德高尚，以施善救贫为乐。1928年，惠民水灾，数千名灾民流徙沂水，贫病交加，生计危难，他亲赴难民所，日夜为之救治，免费施药，深得灾民赞扬。

武继浩（1872—1957），字寿臣，沂水县夏蔚镇朱蔚村人。18岁读完私塾，成家立业，不幸四年连丧三妻，遂立志学医，奋发攻读医籍，先后拜沂南县内科名医田尊绍和蒙阴县痘疹医师娄石等人为师，25岁学成，开设"寿春堂"中药店，行医44年。擅长妇科、内科、痘疹，善辨证施治，治病必求其本。1941年，一少女月信不至，久药不效，武氏诊之曰："此非冲任为病，乃因虫积，血分亏耗所致，但从血治，实难医矣！当驱除虫患，血得无耗，月经自

潘士林

名医
沂山

徐玉甫

名医
沂山

武继浩

名医
沂山

致。"遂用苦楝皮、石榴皮煎汤服下，便下尺余长绦虫一条，病愈，传为佳话。他对医术精益求精，对患者关心备至，医德医术闻名乡里，曾自编验秘方集，现已失传。

赵紫辰（1872—1967），沂水县吴坡村（今属黄山铺镇）人。博学多识，深谙经典，早年行医，自开"大生堂"药肆，远近奔求者络绎不绝。他乐善好施，为人谦和，深受民众爱戴。

吴鉴文（1873—1960），字子修，沂水县茅坪村（今属圈里乡）人。自学成才，行医乡里五十余年。擅长内科、妇科，治时疫杂症，门诊无闲暇，出诊不分昼夜。诊病谨慎，细察明辨，把握分寸。危重险症，每多获效；奇病杂症，治疗有方。注重总结经验，深受群众赞誉。

武明章（1874—1966），字凤阶，沂水县前善疃村（今属沂城街道）人。沂水一代痘疹名医，对麻疹病有独到见解。他认为麻疹初起多为卒遇风寒，肺气郁闭，当从气治；稍进则身热肢厥，疹点色暗，目闭神愦，毒邪内逼者，治当从血，创治疹活血通络法。对麻疹逆证，善用郁金、桃仁、红花、山甲、皂刺、乳香、没药，每取良效。武明章临证多，阅历深，用药灵活，一生不乏奇案。民国初期，沂水麻疹流行，易感儿童无一幸免。牛俊斋之子年3岁，麻疹愈，后遗腮腺脓肿，经治月余，脓成不溃，无热，饮食玩笑如常，但一个月不说话，久治无效。转求武明章诊治，验其舌，处方一帖：藿香、厚朴、

赵紫辰
名沂
医山

吴鉴文
名沂
医山

武明章
名沂
医山

佩兰、菖蒲、薄荷、大青叶，量极轻，头煎服后即开始说话，二煎服脓溃告愈。

刘昌烈

刘昌烈（1877—1951），字子成，沂水县刘家店子村（今属院东头镇）人。早年教书为业，是当地有名的"秀才"，文学知识渊博，善书法，后研习中医药，专长儿科，善治痘疹，辨证施治，疗效卓著，号称"痘疹先生"，方圆百里，求诊者众。他对患者热情，态度和蔼，一丝不苟。曾有沂水县铜井白家安子李姓，生有二子，适逢痘疹流行，先后患病，高热数日，疹出而退，病情反而加重。邻人告曰："刘先生医道高明，治痘疹有方，何不一试？"遂到刘家。经诊后，煎汤一剂，灌下，半日神情转安。留住治疗3天，转危为安，开药让其带回家调理。愈后夫妇携重礼酬谢救命之恩，刘昌烈坚决拒收，让其带回家养育儿子。著有《医方所见集》一册。

杨致一

杨致一（1882—1945），字成斋，沂水县杨家城子村（今属马站镇）人。与其兄致标皆善医，远近闻名，开药肆"瑞竹堂"，所制"万灵水""痢疾散"甚效，远销天津。喜读《医家秘奥》，留有验方数则。

赵砚田

赵砚田（1884—1976），字铁桥，沂水县尧崖头村人。青年时代见疫病流行，病者求医甚难，便立志学医，为民除疾。遂拜名医牛汉元为师。他结合临床，辨证施治，组方遣药精当，疗效显著。尤对外感、妇科及老年病等诊断准确，治疗上有独到之处。赵砚田医德高尚，对患者一视同仁，病者随到随诊，有求必应，风雨无阻，从不收受礼品，并善解患者疑虑，深得人们崇敬和爱戴。他从事中医临床 60 多年，积有不少实践经验。诊治外感，多遵《内经》《难经》，取法张仲景《伤寒论》，因地因时因人而异，以六经辨证与营卫气血辨证相结合。他诊治老年病深得奥旨，认为人已衰老，肾脏先衰，注意活动，调理生活，再辅以药物就能延年益寿。

胡佃选（1888—1947），沂水县下小诸葛村（今属诸葛镇）人。医术较优，善内科，在群众中享有一定声誉。

刘豪希（1892—1964），沂水县高桥人。少年学医，勤奋好学，医技较优。善治麻疹、天花、温病、妇科。医德高尚，对患者不分贫富，一视同仁。对贫苦患者免费治疗。严格遵守"医人不得以己之长，专心谋略财物"信条，实行人道主义，治愈大量患者，挽救了许多危重患者，深得民众赞誉。

武继文（1894—1972），字述周，沂水县北小河村（今属崔家峪镇）人。自幼习医，苦心钻研医学经典著作，熟记《医宗金鉴》及《汤头歌诀》，治病多有良效，临床经验丰富，尤擅治胃病及哮喘。他医德高尚，医术高明，忠厚待人，不求名利，救死扶伤，助人为乐，主张"医者以救人为本，不可榨取钱财"，常言："有钱者治病，无钱者也得活命，富贵贫贱，一律平等。"医德医术闻名乡里。1949 年后在沂水中心医院工作，医名颇著。1953 年和 1957 年在县举办的两期中医学习班任教，授课有方，深得赞誉。

胡佃选

刘豪希

武继文

李荣恩（1896—1978），字惠民，原名李洪恩，沂水县川店村（今属沙沟镇）人。自幼聪慧，智力过人，潜心学医。20岁赴东北奉天、抚顺万良镇行医，自开"复兴长"药肆，精心研习医药，终有所成，医名颇著。1940年因战乱返回故里，继续行医。1954年参加临沂中医进修班。1959年参加山东省中医进修班深造，医术大进，对《金匮要略》《伤寒论》《医宗金鉴》《四言举要》《药性赋》《濒湖脉学》背诵甚熟。擅长妇科、儿科，善于辨证施治，临床经验丰富，治病颇验，远近闻名。带徒6人，皆有所成。

田德信（1897—1975），沂水县四十里堡镇田家庄村人。早年教书，后研习中医药，对《伤寒论》《傅青主女科》等中医经典颇有研究。30岁开始行医，自设"德善堂"中药店，擅长妇科，潜心青主之学，临床经验丰富，临证选方轻灵而卓效，医德高尚，闻名乡里。60岁时带徒2人，学制3年，出徒后均由主管部门分配工作。

马毓英（1898—1967），字俊卿，沂水县东朱陈村（今属黄山铺镇）人。出生于医学世家，幼年跟外祖父读私塾8年。马毓英受其先祖影响，看到山区缺医少药，遂回家专攻医学，立志学医。20年代适逢中医界考试，他考绩优良，遂自设"永春堂"药铺，为民疗疾，开始了行医生涯。1949年后行医于黄山医院，曾被选为沂水县人大代表、黄山区卫生工作者协会副会长、医学研究组组长。他和蔼谦虚，平易近人，对患者有求必应，待患者不分尊卑，体贴入微，不以病轻而玩忽，不因病重而退缩。中华人民共和国成立初期，他曾多次带医疗队巡回医疗，送医送药上门，及时扑灭流行麻疹。他行医50余年，潜心研究中医学经典，博览群书。在临床诊疗中，他大胆实践，勇于创新。他自制的哮吼丹、喉痛丸和永春堂唯一膏等对治疗疾病均有良好效果。

孟士先（1898—1971），沂水县四十里堡镇薛家马庄村人。16岁读私塾，25岁在沂南苏村学医三年，对《内经》《伤寒论》《本草》《验方新编》有较深研究。1938年开设"广生堂"中药店，行医40多年，以针灸见长，称誉一方。治疗内、外、妇、儿等科疾病，临床经验丰富。自创"鼓症散"治疗气鼓、水鼓，疗效佳，配方：附子、赭石、枳实、甘遂共研细末，日服二次，每次3克。晚年带徒2人，成绩优良。

刘惠民（1899—1977），名承恩，字德惠，号惠民，沂水县人。当代著名中医临床家、教育家。曾任山东省第一、二、三届人民代表大会代表，全国第二、三届人民代表大会代表。

清光绪二十四年（1898）农历十一月，刘惠民出生在沂水县许家峪村（今属院东头镇），几年后随父母去胡家庄村（今属黄山铺镇）生活。其祖父、外祖父、舅父皆为当地颇有名气的医生。他7岁入学，16岁那年因患重病不得不辍学在家。因祖父知医识药，其辍学后边务农边跟随祖父习医，阅读了《黄帝内经》《神农本草经》《医宗金鉴》《陈修园医书》等中医古籍，后参加了上海丁福保创办的新医学讲习社函授学习两年，具备了临证能力。21岁时，刘惠民远赴东北行医，后经友人介绍，来到奉天（现沈阳）张锡纯先生创办的立达中医院学习和工作。经过几年学习与实践，医术日渐娴熟。

1923年，刘惠民从东北返回家乡，创办了"协济"中西药房，悬壶乡里。他为自己立下规矩：富绅虽来轿车不去，乡里穷人看病随叫随到；无论远近不坐车，十里之内不在患者家吃饭；贫苦无力支付药费者酌情减免；不卖伪药。

1926年，刘惠民参加了沂水县共产党特支领导人邵德孚领导组建的农民协会，任执行委员，为农民争得许多利益。1934年，刘惠民与赵恕风医生合办了沂水县乡村医学研究所及中国医药研究社，并创办《中国医药杂志》发行全国各地。1935年，研究所开始招收学员学习中医，教学内容既有中医也有西医，刘惠民编写了《伤寒学课本》《中西混合解剖学概要》《中西诊断学概要》《中西药物学概要》等教材，并亲自授课。

"七七事变"后，刘惠民将沂水乡村医学研究所改为中医救护训练班，培养了一批抗日战争时的医务人员。1938年春，他积极响应邵德孚抗日主张，在沂水县许家峪建立抗日根据地，将自己的"协济"中西药房献出，加入了在沂水县胡家庄筹建的八路军山东纵队二支队，任医务处主任。1945年日军投降后，刘惠民担任山东省卫生总局临沂卫生合作社社长，这时他主动捐献了自家田产和药材，作为卫生合作社基金。1946年，奉上级命令，卫生合作社与莒县医药合作社合并成立山东大药房，他担任副经理并兼任分号经理。1948 年 6 月，刘惠民奉命回鲁中，在界湖镇开办新鲁制药厂，专制中成药，先后制出疟疾灵、金黄散、救急散、救急水、牛黄丸等中成药近百种，为军民安康提供了有力的医疗保障。同年秋，鲁中行署决定以刘惠民为主，在临朐县蒋峪建立沂山福利制药厂，由刘惠民担任经理并兼任坐堂医生，门诊量日达七八十人次。该药厂当时配有土蒸馏器两个，煮药大锅两口，制丸子器具 3 套，生产膏、丹、丸、散等中成药 50 多种，供泰山黑龙潭和沂蒙山区等医疗单位应用及对外零售。

1951 年，刘惠民被调往济南，试办中医公费医疗诊所——济南市福利药社。1952 年药社合并到山东省合作总社，刘惠民任总社医药部经理。同时，他又奉命成立济南市立中医诊疗所，为全省第一个中医公费医疗机构，后来在此基础上建立了济南市中医医院。1955 年 3 月，刘惠民开始担任山东省卫生厅副厅长，主管全省中医药事业恢复和发展工作。在他倡议下，经山东省人民政府批准，成立了山东省立中医院（现山东中医药大学附属医院、山东省中医院）。

1957 年 8 月，毛泽东主席在青岛开会期间患重感冒，山东省委书记舒同推荐刘惠民赴诊。经过四诊合参后，刘惠民处以大青龙汤重剂加减。服药一剂，毛主席热退病消，3 天就痊愈了。同年 11 月，他以随团保健医师身份，跟随以毛主席为首的中国共产党代表团参加了莫斯科十月革命 40 周年庆祝大会。后又在北京、上海、广州等地多次为毛泽东主席、周恩来总理及其他中央和省市领导同志治病。1959 年加入中国共产党。

1958 年，刘惠民筹建并创办了山东中医学院（现山东中医药大学），为首任院长。同年，筹建并创办了山东省中医药研究所，任所长，并被中国医学科学院聘为特约研究员。后来，他又筹建并创办了山东省中医文献馆，任馆长。

刘惠民早年在家乡创办药铺行医时，就处处为患者考虑。当时人们大多生活贫困，常赊欠药费，导致诊所还不起购药款项而陷于困境，他通过典卖土地借债还账，也绝不耽误患者治疗。

1949 年后，刘惠民虽公务繁忙，但仍坚持临床诊病。他的患者中不乏老一辈国家领导人、国际友人、省市领导人，但他从不以此来炫耀名声，居功自傲。他生活简朴，平易近人，对患者一视同仁，有求必应。1971 年，济宁一位 20 多岁的年轻人患急性视网膜炎，深夜来家求治。当时刘惠民感冒高热，刚刚服下药物盖被发汗。他不顾家人劝阻，立即起床，拖着病体为患者诊治。他对家人说："我没关系，已是 70 多岁的人了，而他才 20 多岁，如不分秒必争地治疗就会失明。"因他救治及时，患者病情很快好转。

如遇有病家购买必需药材困难，他总是义不容辞地帮助解决，有时甚至无偿提供自己珍藏的贵重药材。他曾诊治一位患儿，高热不退，时时惊厥，急需羚羊角磨汁服用方可退热解痉。但此药稀有，药店少备有成块者，且价格昂贵，病家难以承受。此危急之时，刘惠民毅然拿出自己珍藏的一块羚羊角交予患儿家属，并详细说明使用方法。很快患儿热退病愈，家属对此感激万分。1970 年 1 月 8 日，刘惠民朋友王先生突来访，说有位 17 岁女孩，月经来潮前不慎饮冷水，致使经血崩下不止，已3天，有大血块，棉裤、被褥均被浸透，伴有少腹疼痛，面色苍白，四肢冰冷，已卧床不起，特请刘惠民为其处方治疗。刘惠民当即拟方，并将家中珍存的一块好墨交王先生带回，嘱用木炭火烧红，放醋中淬后取出，用开水研匀，加炮姜9克、红糖少许为引，一次服下。3天后王先生前来相告："患者用药血止，腹痛也除。"如此事例，在刘惠民一生诊疗中屡见不鲜。

刘惠民从事中医临床工作近60年，创拟了大量临床行之有效方剂，如首乌桑椹补脑汁、益智丹、肺得宁、降压膏、偏瘫复健丸、芳香健胃片、十珍益母膏、保母荣、保胎丸、消积健脾丸、福幼丹、鲫（鲤）鱼利水方、苹果止泻方、鼻通膏、生发药酒等，颇受患者欢迎。

刘惠民平时虽忙于政务和诊疗，但仍勤奋著述，留下了一些珍贵文献，如《与张锡纯先生的通信》《麻疹和肺炎的防治》《黄元御医学史迹考俟正》等。1976年，其门人整理出版了《刘惠民医案选》，后经修订和补充，于1979年出版《刘惠民医案》。2018年，山东中医药大学又在《刘惠民医案》的基础上整理编写了《山东中医药大学九大名医经验录系列·刘惠民》。

魏兆信

魏兆信（1900—1977），字成一，沂水县石棚村（今属泉庄镇）人。医重经方，辨证应用，多获良效。带徒5人，皆有所成，在当地享有一定声誉。

欧玉亮（1901—1975），沂水县欧家庄村（今属四十里堡镇）人。青少年时期因母亲常年多病，本人体弱，饱尝了穷人被疾病折磨和求医艰难之苦，遂立志学医，为民除疾。他刻苦钻研，学一点用一点，把为患者解除一点痛苦看成是自己莫大幸福。他专心致志，虚心好学，先后攻读了《内经》《伤寒论》《金匮要略》《本草备要》《濒湖脉学》等重要医学经典著作，并善于理论联系实际，总结和积累临床经验，辨证施治。他临床胆大心细，具有采用药味少、针对性强的特点，对一些疑难病症、危重患者诊治常常收到显著疗效。有一次，一孕妇大小便不通，众多医者束手无策，欧玉亮仅用一剂药，即使患者病除。他自制的胃疼散，也收到良好的临床效果。在诊疗中，他注重记录和积累临床资料，编辑《谋病康复录》一部和《实验病案》数册。解放后，他把焕发出来的工作热情倾注到中医事业上，为解决中医后继乏人问题，他于 1956 年和 1963 年先后举办了两期学制均为三年的中医学习班，培养出 11 名学员，毕业后都由县卫生主管部门分配做医疗卫生工作。

刘立森（1903—1976），字仲然，沂水县石良村（今属沂城街道）人。早年在尚志中学任教，留心医药。1940 年在团坪峪开"三利药室"行医。1949 年后，在诸葛医院工作。他重医典，崇尚《伤寒杂病论》，常博采民间验方，筛选应用。他医术精湛，诊病分主次，重气血辨证；为人持重，有求必应，重视为患者保密隐私。常告后学：治病事关重大，不可掉以轻心。他一生勤于治学，虽抱病在床仍手不释卷，涉猎广泛，知识渊博，善书画，为沂水一代名士。晚年热心传术，从师者多得其学。

武敬善

武敬善（1903—1982），沂水县北上坪村（今属崔家峪镇）人，一生研习中医药，对《金匮要略》《伤寒论》等经典著作的重要论述，既能熟读熟记，又能灵活运用；对《汤头歌诀》背诵如流，应用得心应手，辨证施治，疗效颇佳。他心地善良，医风正派，医德高尚，如有病家求诊，不分白天黑夜，风雨无阻。早年曾与刘惠民、赵忠敬等合编《医药杂志》及《咽喉症治论》。治疗咽喉症有独到之处，曾带徒2人。晚年抱病在床，仍为患者诊疗。

张会川

张会川（1904—1981），字福海，沂水县薛家马庄村（今属四十里堡镇）人。擅长针灸，扶厄救困。解放后曾在许家湖医院工作，医德医风高尚，深受群众称赞。

刘廷元

刘廷元（1905—1973），沂水县北坡村（今属马站镇）人。自学成才，曾在王庄医院任中医20余年，擅长中医妇科，治疗带下病和不孕症有独到之处。1961年开始先后带徒6人，学绩优良。

刘子云

刘子云（1906—1991），沂水县刘家山宋村（今属高桥镇）人。1923年毕业于沂水尚志中学，后随父从医。1935、1936年在北平国立医学院研究班学习，曾受教于肖龙友、孔伯华等名医，毕业后在沂水县高桥行医。1945年积极响应党和政府号召，任职于高桥联社医药部。1948年至1963年在沂水县马站医院任医师。1963年11月后在临沂地区干部疗养院、临沂地区沂水中心医院从事中医工作，任中医科主任医师。

他擅长疑难病症治疗，尤其对胆系疾病、再生障碍性贫血及糖尿病诊治有独到之处。他运用中医温病学说辨证治疗乙型脑炎，治愈率达95%以上。1960—1971年先后参与山东中医学院《中医基础学》《中医内科学》等教材编写工作，培训中医及西学中医人员500余人。1987年被收录于《山东高级科技人员名录》。当选为山东省第二、五届人民代表大会代表，政协沂水县第一届委员会副主席，中华全国中医学会山东分会临沂地区中医学会第一、二届副理事长。

刘培奇（1909—1966），字慕韩，沂水县王家坪村（今属许家湖镇）人。早年教书兼习岐黄，医术自成，颇悉《伤寒论》与后世医家名著，善治内科、妇科与痘疹等时疫病症，用药大胆灵活，多取捷效，颇有名声。著有《方剂手册》与《典型病例案卷》。他多才多艺，善书画，言谈风趣，文雅不俗。民间流传"城北有三杨，城南有慕韩"之说。一生带徒多人，对当地中医事业有一定贡献。

刘培奇

沂山名医

张田（1910—1980），沂水县范峪村（今属夏蔚镇）人。8岁时得其堂兄张梅赞助，进马头崖学堂就读7年，适逢当地瘟疫流行，民众染病死亡较多，遂立志学医，拯救黎民。他广集方书，博采民间验方，多次外出拜师学医。村人知他学医，有病让其处方，竟获良效。1935年自设药店，求诊者络绎不

张　田

沂山名医

绝，四乡闻名。他自学成才，善治胃痛。行医40余年，医德高尚，时怀救苦之心，不以行医专长，谋取钱财，对无钱治病者分文不取。1958年进入区医院，1961年带徒数人，言传身教，精心传术，很快成为中医骨干。

吴树常

吴树常（1910—1982），字瞻阳，沂水县牛岭埠村（今属沂城街道）人，一生热爱岐黄之学，潜心活人之术，对《内经》《难经》《伤寒杂病论》研读甚精，临床擅长内科、妇科，治病每有奇验，远近颇负盛名。他自己配制的红膏药，治疗疔痈效力极佳。待人敦厚忠诚，处世练达持重，诊病细心，用药谨慎，行为品质堪为效范。

徐树伦

徐树伦（1910—1983），字次经，沂水县徐家牛旺村（今属高桥镇）人。早年任教兼学岐黄，医术自成，对《内经》《难经》《伤寒论》《金匮要略》研究多有心得，1949年后在城关医院行医。他擅长内、妇、儿科，善针灸，灵活运用"小柴胡汤""温胆汤"，临证加减，颇有心法，用药每取良效。诊病细心，用药谨慎，有求必应，从不推诿，就诊者络绎不绝。他临床经验丰富，医德高尚，医术精湛，为人正直忠厚，平易近人。工作兢兢业业，任劳任怨，深受人民尊敬，县内颇有名望，当选为县第一届人民代表大会代表。晚年患严重神经衰弱，头痛，经常彻夜不眠，仍坚持诊疗工作。为传术后人，1959年带徒6人，皆有所成。

赵忠敬（1910—1984），字恕风，沂水县前马荒村人。年幼时攻读私塾9年，1925年始自学中医3年。1927年10月至1947年9月，在沂水县城乡行医，并在乡村兼做函授工作。1934年，在沂水县西部山区与刘惠民办起了沂水县乡村医药研究所及中国医药研究社，任沂水县《中国医药杂志》主编和沂水县医药改进会副会长，沂水县中医考试委员会委员等职。1953年10月，在湖南省衡阳市华新制药厂任医师，做中药化学研究工作。1957年10月，任山东省卫生厅实验药厂中医师，1958年5月任山东省中药研究所中医师，1964年5月至1984年1月30日任山东省中医药研究所副主任医师。

赵忠敬一生热爱中医事业，继承和发扬祖国中医药学，长期从事中医药研究工作，主要研究项目有：高血压、肾炎、肿瘤等。他通晓中医药基本理论，在中医临床和中药研究方面有丰富的实践经验，编著《中药研究》第一辑、第二辑，由山东人民出版社出版。另外在《新中医》《中成药研究》等全国性、省市级杂志上发表过数篇论文，参加了《山东药用植物品种讨论》《山东中草药验方选》《山东草药手册》《山东经济植物》等书籍的部分编写工作。

杨焕文（1914—1978），沂水县杨家城子村（今属马站镇）人。父亲杨致标病逝后，焕文承袭家业。他自幼从父习医，医理颇精，曾任马站联社社长、沂山推进社医生、医药股股长、山东省中医研究院业务秘书等职。1958—1975年在山东省中医研究院任医生、中医师。擅长中医中药，善治胃肠病，对中医中药理论和中西医结合的研究有一定成绩。

赵忠敬

杨焕文

刘伯成

名沂医山

刘伯成（1919—1983），生于中医世家，祖父刘本谦为沂水名中医。他早年丧父后跟祖父学医，17岁开始行医。抗日战争爆发后，他多次冒着生命危险，掩护八路军和党的地下工作者。1944年秋后，先后任沂水城郊商会会长、医联会会长等职，积极参加解放区革命和建设工作。1947年国民党军队重点进攻山东解放区，他随军属大队转移到黄河北，任军属大队保健医生。解放战争胜利后，任沂水县"众成合作社"理事兼医药部医生，终日为患者治病疗伤。对行动不便患者，登门治疗，不计报酬。1954年被调往临沂专区合作干部疗养院工作，1960年任该院医务处主任。经过长期刻苦学习和临床实践，他对中医学有较深造诣，尤其擅长治疗肝硬化腹水、再生障碍性贫血、心脑血管疾病、肝癌、乳腺癌、散发性脑炎、癫痫等病。他对中医坚持精益求精，并认真学习西医知识，实行中西医结合治病，更提高了诊断符合率和治愈率。他撰写的《痛症的治疗经验》和《硫黄的临床应用》等论文，先后在《山东中医》《沂蒙中医杂志》上发表，受到同仁好评。1976年他因患冠心病退休（后改离休）。病好转后，应邀到临沂地区中心医院继续从事医务工作，慕名来诊者甚多，每次上班他总是坚持将所有患者诊完才下班。1983年8月下旬因疲劳过度，患脑溢血去世。

沂山

莒县

成医官

成医官，失其名。明代莒城状元坊（今城阳街道邹家庄子村）人。善医。知府倪某疾，诊之曰："思。"府曰："何思？"曰："虽朋友亦思也。"曰："是也。有一窗友甚思之，不意发疾。"命往淮安市药，见城门大书"某家病剧，能愈者厚赠之。"至其家，见群医环视，无可奈何。成诊之曰："诸公识此病乎？此为中满。"白糖和水灌之，立愈。

尝与一友携手行，诊之惊曰："子幸遇我，速市百梨尽啖之，贮其核煮水饮之。"未几，其人背出一肿毒，曰："此肉痈也，伏于内者不可活。得百梨表之，则易治矣！"其徒尝医少妇获愈，成视曰："暂愈尔，吾观其色，来春必死。"及期果然。

潘鹤龄

潘鹤龄，清代莒县潘家屯村（今属城阳街道）人。道光年间，候选守御千总。性直爽，重义气，凡有为人行善之事，首为倡导，尤精医理。逢饥荒之年，发生疫病，制药舍施贫民，活人无算。曾到沂州城宿于旅店，店主之女患病，病情危重，知鹤龄善医，求其诊治。潘诊后，投以方药，病愈。主人礼谢，辞不受。侄潘楯，亦为名医，与潘鹤龄、潘岳龄时称"三潘"。

尉书升

尉书升，字琴堂，清代莒县后营街（今属城阳街道）人。精于岐黄之术，于痘疹更为擅长。道光年间，天花大流行，小儿死于此者不可胜计。书升悯之，乃叹曰："痘虽险症，特治之不善耳。善治者虽危弗害，不善治者虽顺亦危。"城乡染痘者，经其诊治无不化险为夷。求诊者接踵，贫富一视，遇有赤贫求诊者，并济以钱粟。一生为痘痧患者义务出诊，救治患者无数，"苍术烟熏法"与"醋铁溅雾法"是行之有效的防瘟方法。

陈学修（1803—？），字会玉，莒县珠山村（今属碁山镇）人。自幼即苦学医术，于清道光初年创建前学药堂。道光末年，痘疹疫病流行，学修大显身手，治愈当地患儿无数。一天，学修去安丘城购买草药，住店时，闻隔壁有哭声，问其故，店主说："邻居老兄弟俩，只守一子，生痘多日，命在垂危。"不待人请，其即前往诊视，先针灸，后用药，患者转危为安，不日康复。病家为答谢救命之恩，送来两马车笸箩，全村每户人都分得一二个。从此，安丘求医者不断，并送木匾3块，其一曰"医德善俗"。有验方10册流传于世。

周克让，字允恭，清代莒县人。居家以孝友称，教授生徒严而有序，从游者多所成就。颇精医理，为人治疾不受谢。

吴景闵，字松斋，清代莒县吴家洙流村（今属长岭镇）人。少年读书应试不售，后因家境衰落，北徙程子村，乃研精医理。咸同间避乱，复迁莒县城。精于医理，曾应医学考试，医术精湛，求诊者遍及城乡，在当地享有盛誉。应医学典科之举，训蒙僻巷，疗人通市，以此自终。光绪某年冬卒，年七十有四。

陈学修

周克让

吴景闵

李廷祺
附李树锦

李廷祺，字百实，清代莒县泉子头村（今属莒南县）人。子树锦，字云溪，又字晓帆。

李氏是莒地医学世家，百实自青衿之岁，得父严教，继承家学，而专岐黄术，尤精内科。一悬壶乡里即崭露头角，求诊者门庭若市。性聪敏，善钻研，以施医济人为己任，深感"医之病，病道少"。尝以粗识外科内疚，苦心访名师，志求其精，于是至百里之外，执经问难于诸城县外科名医张德隆门下，经其口传、心授，亲究其学，遂又以外科见长，故晚年又有《外科心传》之作。

树锦继父志而精医术，发愤读书，寸阴是惜，以毕生精力，研究医学，每遇诊余之暇则吟咏经文，或批阅医家名著，撮其要而记其事，纂其言必钩其源。其治学精神可谓"焚膏油以继晷，恒兀兀以穷年"。一生辑著颇多，惜大都佚失，现仅存残缺手稿《汤头方歌解》一卷，《本草方药记略》九卷。

李氏父子医术精湛，疗效高超，不仅在本地享有盛名，远至苏北数县亦誉称良医。故民国《重修莒志》云："李廷祺，良医也，南至海赣，皆闻其名，延聘接踵，著有《岐黄易知录》。子树锦，字晓帆，能世其学，精于脉理，予决生死无或爽。"

罗汇丰

罗汇丰，清代莒县罗家庄子村（今属浮来山镇）人。清咸丰、同治年间在莒城行医。咸丰元年（1851）春，莒城发生瘟疫，逾日不治则难生。罗氏为救莒人，分别在文庙前、菓街顶设巨锅熬药施舍，凡喝此药汤者皆获防治之功。每年初秋，痢疾流行，罗屡舍"止痢丸"，为百姓治病。罗卒后，城民深感其恩，醵资立碑于坟前，并在药王庙前刻石铭之。

李震（1830—1906），莒县大河北村（今属刘官庄镇）人。精医术，擅外科，对方药颇有研究，善用土单验方、价廉药物疗疾，每收捷效。尝言："有病即是灾难，不能枉用贵药，用之不当，贵药也能害人，价廉之品用之对症就是灵丹。"行医 40 余年，名闻莒、沂两县。

李膺远，字砚南，清代莒县桑园村（今属桑园镇）人。幼年读书，患呕血症，因而弃学习医。己病愈，医术亦精，制药施人，多收良效。尝曰："范文正公云'不为良相，即为良医'。虽不敢望古人，然愿操此术以济人，不忍借此道以牟利也。"

卢洵，字绍苏，清代莒县人。增广生，平生耽嗜文学，博考《素问》诸书，深得奥义。其母沉疴经年不起，洵拟方投药愈其母疾，于是医名享于乡里，就诊者日盛。

贾振瀛（1831—1906），字仙航，莒县齐家庄村（今属刘官庄镇）人。23 岁中秀才，后屡试不第，遂弃儒习医，攻读《内经》《难经》《伤寒论》《金匮要略》《温疫论》等书，精研岐黄术达 7 年之久，名扬莒、沂两县。长于妇科、时疫等。立志济人，贫富一视，有延诊病者无不立应，活人无算。著有《时疫指南》《验方集》《杂症医案》《痧疹精义》，后之研究医术者恒奉为准绳焉，惜今均佚无存。光绪二十五年（1899）岁歉，施豆粥以济乡邻。至于平时排难解纷，劳怨兼任，尤为人所感颂。子会元、孙月庚均继承家学，精岐黄术。

李　震
李膺远
卢　洵
贾振瀛

刘 龙
附刘佃奎 刘春溪

王岳迎

张元中

张益庵

刘菊荫

刘龙，清末莒县小河村（今属阎庄镇）人。自幼习武，屡试而不得功名，临沂之友劝其习医并赠送眼科医书，遂弃武习医。于1897年在本村创办"同春堂"药店，主治眼科，名闻周边各县。

子佃奎（1870—1941），承父之教，擅长治眼疾，亦精于儿科，名闻乡里，乡邻赠送德行匾两块，有《验方集录》1册存世。

孙春溪（1890—1953），尽得父佃奎之真传，坐诊"同春堂"，主治眼科、儿科。有《眼科大全》、眼科秘方专辑《高丹本》传世。医术、医名不亚其父。

王岳迎，莒县接家庄村（今属陵阳镇）人。医事活动时间在清末，擅长内、妇两科，医术精，名闻数县。现有德行匾两块，一为县正堂所赠，曰"懿行足式"；一为大店村赠送，曰"温润呈芳"，以上两匾均是患者难症治愈后所赠。

张元中，字一斋，清代莒县人。增广生。赋性刚直，敦内行，笃交谊，事亲至孝，治家从严，人不敢以私，好读书击剑，精岐黄术。

张益庵，清代莒县人。邑庠生。精岐黄术，就诊者若市，无问贫富，一视同仁，均精心予以医疗。

刘菊荫，女，清末莒县朱陈店庄钰继室，沂水刘恩驻女。幼娴母训，读经史，通大义，研究医学产科，有求必应，辄脱人于危难。后丁母忧，哀毁成疾，卒年五十。

马荣（1831—1925），莒县韩家菜园村（今属城阳街道）人。精读《金匮要略》《伤寒论》《痘疹》，以擅治时疫痘痧见称，术精德惠，名闻百里，乡邻送德行匾 1 块，文曰"德行可风"。子士祯，武庠生，继为医。

刘福锡（1833—1915），莒县北关街（今属城阳街道）人。清末曾被授七品寿宜，监生，敕授文林郎，貤赠修职郎。刘在办私塾期间，为治病救人，自学医书，成为当地著名郎中，擅长妇科。一年，河东城子一产妇患产后风，已奄奄一息。请刘去诊治，三剂药即转危为安。城北丰家村一顽童，吃粽子将枣核卡于喉中，生命垂危，经刘救治，顺利排下。其高尚医德、高明医术被知县周仁寿获悉，大加赞赏并赠"情深立雪"大匾，以示表彰。

万格（1837—1921），莒县邢家庄五村（今属浮来山镇）人。十年寒窗，屡考不第，目睹痘疹、时疫流行，死亡惨重，遂专致医学，擅长痘疹、时疫等。

战希孟，字承斋，清代莒县涝坡村（今属城阳街道）人。邑庠生，应乡试未中，入学时试经古制义皆第一。初应乡试未遇，遂弃儒从医。深究《灵》《素》诸书，其父礼，系当地名医，希孟继承家学，医术大进，治病多奇中，然不以医自名。中年后家小阜，医药皆不取值，救济尤众。光绪庚子（1900）春岁饥，希孟发困积，散给贫乏，无复取偿，远近百余里咸歌颂之。又头河口，沭流最阔处向无桥梁，希孟独力捐资，购料创作，冬不病涉，民赖以称便。比殁，犹嘱子孙无忘岁修也。

接祯

接祯，莒县河圈村（今属阎庄镇）人。清末民初境内名中医。医术高，一生从医而不卖药，给穷人诊病不收钱，给富人看病则收钱。

张永升

张永升，莒县石灰窑村（今属浮来山镇）人。考中武秀才，考文不第。精医术，擅长妇科，其医事活动在清朝末年，终年89岁。乐善好施，舍药济贫，对远道求医者招待食宿，故而有"善人"之称，有病家赠送"年高德劭"匾额以颂其德行。自制"乌金丸"舍施济人，著《妇科金丹》一书，印行散发，以为善事。

唐占云

唐占云（1845—1918），莒县唐家湖村（今属夏庄镇）人。医术高超，擅长内科、妇科，尤其对妇科诸疾疗效均著，医名远扬数县。子锡承其业。

王尊三

王尊三（1845—1924），字达卿，莒县东河圈村（今属碁山镇）人。少年勤奋好学。是时乡间缺医少药，疾病多有流行，深感济世活人莫如行医，遂于20岁时拜师习医。从此，专心攻读医药经典名著，博采众长，学有成就，精于内、妇科及杂症。晚年与其子恩庠合著《效之闲情广积方》《妇人经产良方》《奇症便方》《验方集锦》等医著。《效之闲情广积方》记载烦躁、惊悸、怔忡、健忘、诸汗、血症等内科杂病32症，每一症先述其病因、病机，再列举症状表现及处方用药，临床实用价值较高。《妇人经产良方》重点介绍妇人经、带、胎、产等方面的辨证与治疗。书中以问答形式对妇人病进行逐条分析，每条首言病因，次论病理，然后确定治法和方药，简明扼要。《奇症便方》记载了临床各科较为奇异病症的治疗。《验方集锦》记录了各科常见病所用验方，具有简、便、验、廉的特点。

他认为，医学之源，始于《内经》《难经》，成于《伤寒论》《金匮要略》，此医之规矩焉，无规矩不能成方圆。习医首先要熟读经典，博及医源，否则如堕茫无定见。历代先贤名言佳语，必须牢记于胸，以便指导临床辨证施治。须大量阅读各家名著，倘若读书只看一人之作，往往受益不多，亦多偏见。读书应如蜂酿蜜，集百花之精英，始能知多识广。寒温两派，起自明清，自仲景伤寒学问世，至明清而上，名家辈出，著作繁多，有专论伤寒，有专论温病者，形成伤寒、温病两大学派，彼此各述己长，互责披短，门户之见，势若冰炭。伤寒、温病不应分两派，伤寒包括温病，温病学源于伤寒，在伤寒学的基础上发展起来，二者均有良方妙方，应融会贯通。

其子恩庠（字汝臣）、孙桂馨（字德甫）均业医，曾孙焕勇、焕斌，玄孙增理皆为名中医。

邢 标

邢标（1847—1931），莒县邢家官庄村（今属浮来山镇）人。塾学 10 年，拜师学医又 10 年，熟读经典，精通医理，疗效显著，求诊者接踵。行医 50 余年，在莒县、沂水、日照等县均享有盛名。遗有《初学步步近》《初学步步深》《济阴反约》等手抄本 11 册。

张士德
附张境

张士德（1848—1925），莒县渚汀村（今属阎庄镇）人。考中秀才，再试不第，遂放弃科举，习研医学，医术高明，是公认的地方名医。

其子张境（1895—1977），15岁随父学习，父有"苦读成才"之训，于是熟读经典及医学名著，擅长妇科，名闻莒、沂等县，遗著有《张氏诊奇》6册、《验方随录》2册、《四岸公取录积》1册。

潘岳龄

潘岳龄（1850—1923），字卓五，莒县潘家屯村（今属城阳街道）人。贡生。曾设馆授徒兼攻医术，学医有成，遂弃馆业医。擅长内、妇、儿各科，名闻莒、沂两县。晚年乡人赠送"年高德劭"匾额，以示敬颂。

丁维祯

丁维祯（1850—1929），字干臣，莒县丁家孟堰村（今属夏庄镇）人。初务举子业，考试不第，遂弃儒从医。擅长内、妇、痘疹等科，辨证细心，一丝不苟，态度温和，四方群众无不颂扬其德。集有《经验良方》1册，惜已佚失。

李金萱

李金萱（1853—1937），莒县李家埝头村（今属刘官庄镇）人。擅长妇科、外科，善用土、单验方疗疾，效验颇宏。其侄步义受其业，精医术。

王　谈

王谈（1855—1909），字雪亭，莒县东王标村（今属寨里河镇）人。通经典、明医理，长于内科，业医30余年，医术、医德俱优，在莒县一带颇有名气。

张福隆（1856—1919），字日升，莒县小桥村（今属峤山镇）人。学务实行，精于医术，对《灵枢》《素问》《伤寒杂病论》之学深得其奥义。其《家谱》中载云："为人性赋慷慨，于不平之事力为排解，乡人好之……颇精岐黄，施方恒济多人，乡人因其身体不壮，赠之一小车，故远处看病方乘小车。"每遇出诊，必先于贫且急者，诊毕，辄辞去，不受馈遗。如是者数十年，全活无算。虽筋力衰颓，无倦容。因医德高尚，当地群众皆颂之，逝后乡众立碑为之纪念，铭曰"忘怀名利，造福桑梓"，咸谓之当之无愧矣。

于隆（1856—?），字子兴，莒县于家石河村（今属店子集镇）人。自幼聪颖好学，博闻强志，躬耕之余，熟读四书五经。家境贫寒，其爱弟有疾，不能就医，卒。遂于壮年发愤习医，遍求名师，勤于实践，业有大成。于隆待人宽厚热情，视患者如亲人，深得乡邻赞誉，遂创"益寿堂"，有"沭东第一药铺"之称。时大店庄陔兰之女长痈于身，求助名医，皆束手无策，访得于氏，经对症施治，妙手回春。庄翰林惊喜之余，欣然书写"山水天真仁智乐，鸢鱼道妙圣贤心"对联一幅，以示褒奖。

张凤洲（1857—1932），莒县官路村（今属小店镇）人。擅长妇科，名闻莒县、莒南。次子德欣亦业医，医术不亚于父，惜其未及半百而卒。

贾会元（1860—1925），莒县齐家庄村（今属刘官庄镇）人。传家学，承父志，医术不亚于其父贾振瀛，莒、沂两县颇有医名。

张福隆

于　隆

张凤洲

贾会元

陈锡鉴

陈锡鉴（1860—1952），字献秋，莒县珠山村（今属峤山镇）人。自幼聪敏，塾学8年，考取清末秀才，他无意仕途，专攻医理，尤对伤寒论有独到见解。清光绪十二年（1886）创建"复元堂"药店。他以治病救人为本，不论贫富贵贱，有求必到，医德高尚，名闻乡里。

马仕祯

马仕祯（1862—1944），字信卿，莒县韩家菜园村（今属城阳街道）人。武考中秀才，文场不第，随父马荣学医，后医术、医名不亚于父。

王梅昌

王梅昌（1863—1947），字福五，莒县接家庄村（陵阳镇）人。家传医学，擅长外科，尤对奇疮异病疗效高，名闻百里。有赠德行匾1块，现已无存。集有《便方汇集》1册，《经验良方》2册。

王恩庠

王恩庠（1866—1916），字汝臣，莒县东河圈村（今属碁山镇）人。业儒，因试不第，弃举子业，随父尊三习医，熟读经典著作，谙练各家名著，医术精湛。诊务繁忙，门庭若市，医名大盛。济世活人，医德高尚。对有疾厄来求治者，无论贫富，普同一等。在一次出诊看病时，因患猝疾，逝于病家。其子桂馨业医。

马慎言

马慎言（1866—1940），字减三，莒县大王标村（今属寨里河镇）人。初业教学兼读医书，医学有成，遂弃教业医，在寨里河街"春和堂"为坐堂医生，擅长内科，尤对外感热证颇有治疗经验。

于文（1867—1944），莒县五花营村（今属刘官庄镇）人。医术精，擅长妇科、儿科，名闻莒、莒南两县。

张世佩（1868—1936），字直堂，莒县大张官庄村（今属安庄镇）人。塾学10年，自修医学，读经典，通医理，擅长妇科、内科，行医30余年，在莒、沂两县颇有名望。晚年摘录《验方新编》等书之部分救急土单验方，自行编次，取名《救急验方》，由莒县"复兴泰"印刷局印刷500余本，分散赠送，借以推广救急之法。

潘楯（1868—1944），字阴兰，莒县潘家屯村（今属城阳街道）人。清末优增生，再试不第，遂弃举子业修医，擅长妇科，驰名数县。医德高尚，为人正直，平易近人，认为"功名无益于人，唯医能救人"。对贫寒患者格外热情，凡经诊之病，勿须再请，常亲扣门复诊。善于引据典故教诲后人，尝云："不为良相，但为良医。'老吾老以及人之老，幼吾幼以及人之幼'是为良医之家旨意。"

姜玉洲（1869—1948），字仙瀛，莒县姜家洼村（今属库山乡）人。自幼天资聪慧，笃志好学，博读诗书，早年在今五莲县于里镇管帅一中药铺学习诊疗技术。而立之年赴临沂（今东方红广场一带）开办"人和"药房和药栈40余年，凡来就医者，诊脉即方，三剂药即愈，治好了当地不少顽疾、怪病。日军入侵后药房、药栈无法正常经营，仙瀛被迫携家眷回本乡大福照村，继续为乡邻行医除病。在长达

于　文

张世佩

潘　楯

姜玉洲

60 年的行医生涯中，上门拜师学医者颇多，大都学业有成，自己 5 个女儿、堂孙姜道远、宋家路西村宋品苓等都是他的弟子。临沂一带师从仙瀛学医者亦不下几十人。

罗惠风

罗惠风（1870—1940），莒县罗家庄子村（今属浮来山镇）人。立志行医，深研经典，广阅医籍，擅长内科及小儿痘疹。颇有孝行，谨遵母训，礼义待人，以母慈子孝风见称乡里。乡邻赠其母寿匾 1 块，赠罗氏德行匾 1 块，惜俱失存，匾文不详。

孙世恒

孙世恒（1870—1948），莒县长宁村（今属碁山镇）人。虽为富有之家，但他见贫穷农民无钱就医多白送性命，于是自学医理、自采中药，自制膏、丹、丸、散舍施穷人。他为人诚朴，不贪钱财，治病有钱交钱，无钱药品白送。因其医德高尚，深受百姓尊敬，故无人称其姓名，只称雅号"老善人"。

张宗汉

张宗汉（1871—1953），莒县张家岭村（今属峤山镇）人。擅长妇科、时疾，名闻莒、沂、诸城等县。有赠"年高德劭"匾额 1 块，现已无存。

史致远

史致远（1871—1957），字驯卿，莒县大柏林村（今属阎庄镇）人。早年到招贤街学堂作塾师有年，1916 年后在阎庄小学堂任教兼习医学，业余应诊。1926 年在阎庄街开办"保和堂"，坐堂行医。医术精湛，长于内、妇科。遗著有《验方汇集手册》，其子桂芳继承父业。

唐锡（1872—1959），字洪三，莒县唐家湖村（今属夏庄镇）人。弱冠随父占元学医，尽得其传，长于内、妇科，晚年医术、医名不亚于其父。曾集有验方、医案数册，已佚。

刘顺堂（1875—1938），字礼庭，号芸轩，莒县刘家村（今属长岭镇）人。十年私塾后随曾祖父刘文汉学医，24岁业医应诊，擅长妇科、温病，名闻全县。遗有手抄《摘录汤头歌》《伤寒诀》和《眼科问答》各1册。

李观海（1875—1953），字号南，莒县黑涧村（今属中楼镇）人。家贫无力求学，11岁出走至日照，以雇佣为主，业余自修文化。弱冠返里，以务农为本，兼随其叔父学医，及医术成，弃农业医，擅长伤寒、温病等，在莒县、日照、莒南三县有一定名望。有德行匾1块，现已失存，子兴周承父志。

王惠（1875—1954），字仁斋，莒县王家垛庄村（今属小店镇）人。幼年读私塾6年，继教书6年后，去大店"四喜堂"跟鲍大夫习医，志学针灸，后攻读《内经》《难经》《伤寒论》《金匮要略》等中医经典，学有所成。出师后在"利民药房"坐堂行医，以擅长针灸术名闻四方。

张景云（1877—1966），字德山，莒县前石崮后村（今属东莞镇）人。自幼习文，弱冠之年遂弃文习医，擅长内、外科，名闻数县。患者一经初诊无须再请，常主动登门予以复诊了解患者康复情况，

唐　锡

刘顺堂

李观海

王　惠

张景云

总结治疗、康复过程。他以中草药之土方、验方为病家医治，有许多患者在他的关怀照料下花费不高却得到极好的治疗效果。

刘承惠（1878—1964），字师柳，莒县后石崮后村（今属东莞镇）人。1920年制造出一种治愈妇女病的中草药"无经丸"，百治百愈，后来"无经丸"成为妇产科著名的中药品牌。人们称"师柳治病不图钱，富人穷人一样看"。1922年，他在东莞集开设药铺。1924年，曾有沂水县高家石岭村一名妇女因产后得病，四处求医未能治愈，大城市医院判为不治之症，生命延续不过月余，找他治疗后，病体康复竟活到81岁。解放后，他的药铺被政府收用成为东莞区医院基础，他当时亦被政府留用。1952年回家，不足半年又被沂水县王家箕山村王同成聘用为个人药铺大夫。1956年，王氏药铺被沂水县官庄区收归公有，他本人被转为国家在编医生。66年如一日为人治病，经他治愈的疑难病症不下百例，在民间治愈的病例不下万例。临终前躺在病床上还为患者开药方。

刘书声（1879—1948），字琴堂，莒县今陵阳镇人。塾学10年，弱冠之岁则拜师学医，通医理，擅长内科。晚年曾为今临沂市独树头镇"太和堂"坐堂医生。集有《卫生医案》3册。

刘承惠

沂山名医

刘书声

沂山名医

刘瀛洲（1879—1954），字仙浦，莒县大沈庄村（今属东莞镇）人。8岁入私塾，15岁因家贫辍学，遂应聘任教。19岁中秀才，同年疾病流行，乡村缺医少药，求诊极难，瀛洲遂立志攻读中医医学典籍，医术颇有造诣。19世纪末设"润生堂"，坐堂问诊处方兼售药。对各科疾病均有研究，尤精于妇科、内科杂病。1950年任职于公立卫生机构，在东莞供销社医药股任中医。他临床选方灵活，辨证施治，师其古而不论其方，用其方而不拘其药，用其药而量有权变。

刘瀛洲

刘瀛洲生活俭朴无嗜好，以济世救人为己任，乐善好施，享有盛名。著有《医学随意录》手稿10卷、《药品次第》1册。

子海珊（1913—1979）、孙桂馨皆为名中医。

林桐（1879—1957），字凤臣，莒县西上庄村（今属陵阳镇）人。初业教学兼读医书，对《伤寒论》《金匮要药》颇有研究。业余应诊，至花甲之年，始弃教务而专事医业，在莒境内颇有名望。

林桐

宋其慎（1880—1958），字敬甫，莒县大罗庄村（今属招贤镇）人。塾学10年，弱冠之年拜师学医，长于内科、小儿痘疹。贫富普同一等，颇有名望。

宋其慎

马锡麟（1882—1953），莒县寨里河村（今属寨里河镇）人。治病惯用干姜，故有"马干姜"之称，特别是在患者病情危重、生命垂危、束手无策之际，常以大剂量干姜救得患者生命，见闻者无不惊骇。在莒、莒南、日照等县享有盛名。著有《验方记录》

马锡麟

1 册，失存。其子益三，名中医。

王熙文

王熙文（1883—1965）字子敬，莒县小店村（今属小店镇）人。医术高，尤其对热性传染病的治疗颇有经验，在当地享有一定名望。

尉士杰

尉士杰（1883—1966），字汉三，莒县后营街（今属城阳街道）人。童年时苦钻中医医术而学有所成，遂业医，擅长妇科、小儿痘痧。后受雇于大店"守业堂"药店为坐堂大夫。日军侵莒，避居浮来山下任家庄。战乱中为难民和村民治病，远在浮来山西数十里的群众也求其医病。因医术精良，医德高尚，群众有口皆碑。中华人民共和国成立后参加公私合营药店，并被选为县人大代表。

赵宝山

赵宝山（1884—1954），字任九，莒县罗米庄村（今属洛河镇）人。擅长内科，名闻四乡。

傅万选

傅万选（1884—1973），字常卿，莒县茶城村（今属果庄乡）人。塾学 8 年，自修医学，精医术，擅长小儿痘疹及喉科，行医 50 余年，名闻莒、沂两县。

于吉祥

于吉祥（1885—1939），字云卿，莒县孙家村（今属城阳街道）人。塾学 10 年，弱冠之岁自修医学及壮年，精医术，擅长内、妇两科，疗效颇著。谨遵家严训嘱："只准治病救人，不能卖药求利。"四方群众多颂其德。

董政（1885—1943），莒县杜家当门村（今属阎庄镇）人。25岁从医，针灸技术高超，以主治杂症见长，兼治儿、妇、外科。

钟元（1886—1976），莒县贾家庄村（今属龙山镇）人。随父钟立德学医，得其家传，精医术，行医50余年。

赵星楼（1886—1978），字凤五，莒县赵家石河村（今属东莞镇）人。自幼学得满腹经纶，民国初年设馆办学兼习医术。擅长内科、儿科，尤其医治小儿痘疹、痧疹颇有名气，名闻莒、沂两县。年已九旬卧床不起之时，仍应诊不暇。赵星楼态度和蔼，视患者如亲人，四邻八乡皆颂其德。

张庆（1887—1959），字善廷，莒县小长安坡村（今属阎庄镇）人。幼年师从大长安坡村李昆学习经史兼及岐黄。16岁到招贤街管廷献开的"元聚堂"拉药橱。1928年到县城"同成福"药铺做买办。1930年到招贤街与管红斋合股开办的"福聚祥"药铺，经营中药材批发、零售。1938年2月，日军占领招贤，药铺被日军放火烧光，随即回家开办"庆利堂"。善廷医术精湛，以时症、妇科见长。1946年到阎庄区供销联社药股任中医。1958年到八里庄子创办阎庄区第三卫生所行医。1959年退休。

其子张良勤中医，只诊病处方，不卖药、不收费。

董　政
——沂山名医——

钟　元
——沂山名医——

赵星楼
——沂山名医——

张　庆
——沂山名医——

李竹逸

李竹逸（生卒年不详），莒县姚家埠村（今属中楼镇）人。民国初期于山东省立医科专门学校毕业，为中医学专家。

李庆芳

李庆芳（1887—1960），字荣浦，莒县小寺村（今属陵阳镇）人。幼年入塾启蒙，课业数年，学有所成，遂设馆授徒兼习医术，后弃教业医，擅长内科，名闻百里。1956年10月到莒县人民医院任中医。

刘儒庭

刘儒庭（1889—1947），莒县房家朱里村（今属峤山镇）人。天资聪敏，私塾6年，因家贫辍学，性爽志远，发奋攻读医书，见人有所长，则师之以礼，虚心求教。数年后医学有成，擅长内、外、儿科。对贫寒患者，一经初诊，无须再请，常登门为之复诊。当地群众皆敬之以德，于莒、日照两县皆享盛名。又因其曾在黑龙江省某地行医数年，故在东北亦留有医名，著有《临证验方集》1册，已佚失。子庆恩承其志专业中医。

邵　儒

邵儒（1889—1980），字子珍，莒县邵家泉头村（今属刘官庄镇）人。弱冠之年拜邢标和贾殿桂门下学医，攻读8年，学业有成。擅长内科、妇科，疗效颇著。诊病不问贵贱贫富、长幼妍媸、怨善亲友，普同一等，常以救急救贫为先。尝云："贫家病不笃不求医，尤当急其急。"扬名于莒县、沂南，求诊者踵接于门。中华人民共和国成立后正式参加工作，专业中医。1957年去省城进修深造后在小店乡、刘官庄公社卫生院工作，后在莒县人民医院中医科任中医师。遗著有《痧疹正宗》《验方汇编》《脉理反约》《应方集录》《初学步步金》《杂症反约》《科汇集》等。

崔慎思（1891—1960），字心田，莒县东关四街人。生于书画世家，而他自幼立志习医，博闻强志，熟读《黄帝内经》及多部经典，尤精《伤寒论》。对本草、脉象、内外及妇科的研究应用师古而不泥古。用药恰到好处，一般 1 至 3 服可愈。凡穷苦人求之立即应诊，其精湛的医术在当地至今享有美誉。

崔慎思

孙培善（1893—1965），字乐亭，莒县孙家山沟村（今属阎庄镇）人。幼年读私塾 12 年，22 岁从其伯父学医，30 岁开始出诊。主治内科，集有许多验方。1952 年任阎庄供销联社药股中医。1958 年，他担任爱国公社在玉皇山创办的山林卫生所的中医。1961 年，因年迈回家休养。

孙培善

宋世廉（1893—1974），字清臣，莒县宋家路西村（今属库山乡）人。幼读私塾 10 年，涉猎诸家名著，善诗好文。21 岁应聘在私塾馆从教，闲暇专阅医书。25 岁时，莒北天花、麻疹流行，因少医缺药，仅半年内自家就连亡 3 口人，深感悯痛，遂立志学医。自此，专心攻读医药经典及历代医家名著，尤对吴又可、叶天士等温病医家著作反复阅读，深思熟记，慎重实践。擅长内、儿科，尤精于痘疹和外感热病，向有"时病先生""痘疹先生"之称。遇痘疹流行，求诊者门庭若市。1950 年任职于公立卫生机构，在莒县医药公司峰山区长宁和卢家岔河医

宋世廉

药部、大庄坡乡卫生院工作。1958 年退职回东莞人民公社卫生院，在茶沟、源河卫生所任中医并带徒传授经验。著有《要集良方》《要集验方》《三十六舌》《万病回春》等（手抄本），皆属临症备要和经验记录。尝言："医道至巧至精，犹有人命所系，无恒心苦攻，难成良医。"又言："医学理论浩如烟海，古今医书汗牛充栋，知其要者，便为良医也。"一生遵循"医者仁术，惟存善心而再精究医理，方能治病救人"之古训，对求诊者一视同仁，有求必应，年近八旬仍出诊。常予施济，乡邻多颂其德，在莒县、五莲等地颇有名望。其孙会都，著名中医。

孙蓬萱

孙蓬萱（1893—1980），字少山，原籍沂水县道托乡余粮村，徙居莒县谢家庄村（今属碁山镇）。塾学 6 年，因家贫而辍学，受雇于药店，业余习研医学，学成后遂开业应诊。擅长内科，名闻莒、沂水两县。1947 年在莒沂县政府从事医疗工作，后入天宝区卫生所。

庄志福

庄志福（1894—1986），字郁亭，莒县响波头汪村（今属浮来山镇）人。出身中医世家，自幼随父习医，后在本村行医。1952 年任职于公立卫生机构，在县大药房零售门市任中医。1958 年调城关镇卫生院任中医并带徒，多次参加临沂地区中医理论研讨会。1965 年 12 月被临沂地区卫生局授予"名中医"称号，后当选为莒县第五届人大代表。

志福行医 60 载，长于内科、妇科及杂症，"立足继承，矢志创新"，主张临证"胆欲大而心欲细，行欲方而智欲圆"和"治病必求于本，衰其大半而止"的原则，认为人体阴阳气血偏衰，疾病表现则虚多实少，方宜补虚为主并随症加减。常以四君子汤、四物汤、八珍汤、归脾汤、补中益气汤加减化裁，治疗不孕不育等疾病，多收良效；用少腹逐瘀汤化裁治疗经前烦躁、嗜睡、阴痛，产后恶露不绝，慢性附件炎；用龙胆泻肝汤加减治疗阳痿、急性胰腺炎、热痹、不射精、血精、不孕等，疗效颇佳。处方师古不泥，"一病用多方，一方治多病"是其多年临床实践的总结。对家境困难患者关怀备至，治验颇丰，德术兼优，医名远播。

葛铭琪

葛铭琪（1896—1973.3），字树人，莒县桑园镇上疃村人。早年随其伯父习中医，后入山东省立医学专门学校，4年毕业，取得国民政府颁发的"医师证书"和刻有"医师葛树人"（下书"中央卫生署发××号"）的铜牌照。曾从军服役，任军医官。1924年，辞职回莒县，聘店员10人，集9家股份计2.3万吊铜钱，在县城开设"同仁药房"十余年，自任掌柜兼医生。铭琪常言"药分中西，理无二致"，对疾病当辨证施治。编写了《家庭医学》一书，印制千余册，无偿分发给全县医药政教各界人士，普及医药知识。带领药房人员自制光明眼药水、黄降汞膏、黄连膏、十滴水、胃痛散、止咳散、疥疮膏等制剂。先后培养了董奎一、刘子美、吴质斋等卫生技术及管理人才。铭琪常言："患者有我，痛苦则已。"对于贫困之众，或给予免费诊治，或取"穷汉吃药财主打发钱"的办法，让一些富商负担一些救济义务。1936年，携"同仁药房"资金转辗西安、南郑、成都，先后开办大东药房、岱东药房，客居成都。

王桂馨

王桂馨（1897—1977），字德甫，莒县东河圈村（今属碁山镇）人。颖慧好学，能诗善文，其父、祖皆精于岐黄之术，自幼谨承祖业，博学苦读，精勤不倦。上溯《内经》《难经》《伤寒论》《金匮要略》，下及金元明清各家学说，靡不刻苦钻研。19岁在其祖父尊三训导下悬壶济世。1956年参与公立卫生机构，先后在招贤、碁山、茅埠等卫生院工作。对内、妇、儿科均有钻研，尤精于内、妇两科和外感温病之治疗。处方灵巧，辨证精当，德术兼备。其子焕勇、焕斌，孙增理均业医（药）。

隽永祥

隽永祥（1897—1982），字瑞亭，莒县小土门村（今属桑园镇）人。在东北随其族祖学医，返里后行医民间，擅长内科。1953年任职于公立卫生机构，在桑园区卫生所任中医。名闻莒县、五莲两县。

邱玉田

邱玉田（1899—1959），莒县邱家庄村（今属龙山镇）人。私塾7年，因家贫辍学，雇用于莒县城内鲁家药店，业余攻读医书，19岁即有应诊之能，遂以医为专业。擅长针灸，疗疾惯以针灸、药物兼施，尤对儿科诸疾经验丰富，名闻莒县、日照两县。集有《病案》3册，因后继无人，已散失。

刘庆恩（1899—1976），莒县房家朱里村（今属峤山镇）人。受其叔父儒庭所传，精医术，擅长内、儿科，在当地颇有名望。1957 年入峤山卫生院工作任中医。

宋现苓（1899—1995.9），莒县宋家路西村（今属库山乡）人。年轻时做中草药生意，解放前去临沂行医多年，解放后被政府聘用，在临沂市朱隆人民公社医院工作，成为当地名医。1978 年 8 月退休。

贾月庚（1900—1947），莒县齐家庄村（今属刘官庄镇）人。亲承家教，医术不逊于父祖辈，当地群众誉称其家为"三世岐黄"。

马益三（1900—1973），莒县寨里河村（今属寨里河镇）人。秉父锡麟习医，长于妇科，名闻数县。1938 年，在八路军九支队一大队做卫生治疗工作，同年加入中国共产党。因工作需要，他被派回八路军寨里河情报站，以医生身份开展情报工作。同时，他筹备成立了第一个县卫生管理机构"医药救国会"，马益三任执行委员兼寨里、中楼、九里三区分会长。1943—1944 年，马益三联系军医杨新亭等人，筹集物资、调集人员，于 1944 年在今小店镇杨家崮西村建立莒县第一个医疗机构"利民大药房"，马益三兼任负责人。中华人民共和国成立后，马益三在寨里河医院担任中医并当选为县人大代表。

刘庆恩
沂山名医

宋现苓
沂山名医

贾月庚
沂山名医

马益三
沂山名医

单新福

单新福（1900—1981），字梅村，莒县洛河崖村（今属洛河镇）人。17岁在本村学医，出徒后曾在本村单某药铺任坐堂医生，后自己开业行医，擅长妇科、小儿痘疹。1952年参加公立卫生工作，进入洛河区卫生所，专攻中医，颇有名。

马连禄

马连禄（1901—1947），莒县韩家官庄村（今属阎庄镇）人。自幼习医，出徒后在韩家官庄设立"普及药房"（兼西药）。以儿科名闻乡里，后又兼习西医，其三子佛钧秉承父业。

贾殿桂

贾殿桂（1901—1970），字丹庭，莒县贾家庄村（今属刘官庄镇）人。塾学10年，于弱冠之岁投贾会元门下学医8年，医术精湛，长于内、妇科，名闻莒、沂两县。后迁青岛，仍以医为业，在青岛亦颇有名望。

管凤三

管凤三（1901—1987），名荣诏，以字行，莒县大窑村（今属招贤镇）人。幼年入塾读书，业余兼读医书，研练医术。1920年停学帮助父亲从事商业经营，时而兼号脉诊病。1930年参加地下革命活动，1934年被捕入狱，其父倾尽家资赎回。后弃商从医。1936年到昌乐县建立"永济大药店"，坐诊行医。1949年返回故里，立室行医。每次诊疗，必录临床记录，遇重病患，亲自观察服药后症状。一生整理了《诊治集要》《验方手册》《妇科验方》等书。

王太达（1901—1995），莒县小河村（今属碁山镇）人。自幼聪敏、性爽志远。塾学数年后，发奋攻读医书。1934 年曾在本村设立药铺，坐堂行医卖药。1956 年就职于碁山供销社药股，后调入东莞卫生院，1962 年退休。

张兴东（1902—1973），莒县张家山沟村（今属阎庄镇）人。主攻妇科，自制"五经丸"，只诊病，送药丸。此方传于其外孙朱发田（小柏林村）。

王京科（1902.10—2006.10），莒县田王庄村（今属东莞镇）人。原籍库山乡叶家官庄村。14 岁时受雇于今库山乡齐家沟村王家药铺。在药铺 6 年，对几百味中草药的名称、产地、性能、用途等熟记于胸，他能以超人的速度把处方上的各种药准确无误地说出，尤其在晚上，不用点灯，用手一摸，鼻子一闻，便知应取之药。中华人民共和国成立前，他带领儿子去东南山区（今五莲县南部一带）逃荒，其医术得到了发挥、发展，并一举成名。20 世纪四五十年代，小儿麻疹死亡率较高，他凭借精湛医术挽救了无数儿童生命。

刘星元（1903—1979），莒县朱家庙子村（今属峤山镇）人。初教学兼攻医学，待学有成，逐弃教业医，擅长内科，医德高尚，在四方乡邻中颇有名望。后入峤山公社卫生院任中医。

王太达

张兴东

王京科

刘星元

李步义
—名医沂山—

李步义（1904—1973），字智方，莒县李家埝头村（今属刘官庄镇）人。长期在城阳医院工作，受业于叔父金萱，擅长内、外科。早在30年代，对黑热病精心钻研，用特效方剂治疗，取得显著疗效，名闻莒、沂两县。1950年参加卫生工作，先后在城阳、峤山两公社卫生院任中医。

陈宪邦
—名医沂山—

陈宪邦（1904—1976），字均平，莒县珠山村（今属碁山镇）人。少时受业于秀才陈锡鉴，在文学、医术方面奠定了坚实功底。弱冠之岁起设馆任教兼习医术，如此持续十几载。1939年弃教业医，其医术精湛，长于内、妇、杂科。1950年就职于峰山区卫生所，后在碁山公社卫生院退休。陈宪邦为莒县名中医之一。

史恩培
—名医沂山—

史恩培（1904—1978），字印堂，莒县杨家址坊村（今属陵阳镇）人。精医术，但不以医疗为专业，年过半百之后始业应诊，擅以针药兼施治疗精神病，名闻数县。

董奎一
—名医沂山—

董奎一（1905—1962），莒县金墩二村（今属小店镇）人。中共党员。14岁入县城莒州"同仁药房"拜葛树仁为师学医，并在其门下从医数年。1938年日军占领莒城后，回乡开办中西医结合诊所。1943年4月，莒中县政府在杨家崮西村成立"利民药房"，他参与筹备。1946年3月至1948年3月他出任"利民药房"经理。1947年10月他负责成立"莒县县立医院"。1948年县立医院撤销，恢复"利民药房"门诊部，8月改称"大众诊疗所"，他出任所长。

1949年1月1日复称"莒县县立医院"，他出任副院长兼"利民药房"（县药材公司前身）经理。1949年10月至1950年5月主持莒县县立医院工作，1950年6月至1950年7月主持莒县大众卫生院工作，1950年8月至1950年9月任副院长主持工作。

陈秉常（1905—1980），字德甫，莒县珠山村（今属碁山镇）人。自幼聪慧，博览群书，对古玩、书画、绘画均有精到之处，尤善岐黄之术，更精于诊脉。由于经验丰富，处方心细胆大，用药多偏重，治病多显奇效。1949年就职于峰山区药股，后在库山卫生院工作直到退休。有《验之验》医著传世。

林坤（1905—1981），字淑瑶，莒县西上庄村（今属陵阳镇）人。通经典，明医理。擅长妇科，在莒县境内颇有名望。

王玉仲（1905—1984），莒县大薛庄村（今属浮来山镇）人。自幼好学，8岁入私塾，15岁即拜师学医。博览群书，对《内经》《难经》《伤寒杂病论》《神农本草经》等各名家著述无不深研。临床工作60余载，精湛医术享誉杏林。尤其擅长癫、狂、痫等精神疾病治疗，注重心理调治，讲究医患交流，积累了丰富经验。他治学严谨，用药胆大心细，即便如巴豆、甘遂、瓜蒂等毒性剧烈的药物，必亲自尝试过，方用于患者。每诊一病，有方有法，或先泻后补，或先补后泻，无不切中病机。临证处方，药简力宏，对药物剂量及配伍使用非常讲究。自拟躁狂吐泻散、解郁汤、安神方、愈痫系列等方剂，临

陈秉常

林　坤

王玉仲

床辨证用之，效验非常。擅以针药兼用，急以祛邪，每逢癫狂患者，诊时骂詈高歌，不可一世。经用药或针之，立时狂去神静，判若两人。久之"山庄神医"之名不胫而走，全国各地求诊者络绎不绝。

王三仲医德高尚，对待患者不分职位高低贫贱，皆一视同仁。自己和家人生活艰朴，却时常救济贫穷患者，对困难患者还经常留宿在自己家中，从不收取分文，也从不向政府伸手。几十年如一日，日间诊治，夜间整理病案，先后在《中医杂志》等多种刊物上发表论文和心得体会数篇，为后世留下了珍贵的医学资料。1958年被评为山东省先进工作者、劳动模范，1956—1961年先后出席省文教卫生群英会6次，1981年当选为县政协委员，其事迹被《山东省老中医录》收载。

卢孝文

卢孝文（1905—1985），字希昌，莒县卢家孟堰村（今属小店镇）人。幼年在本村读私塾4年，又在莒县高等小学学习2年。1923年，在本村小学任教并随父习医。1937年，弃教业医应诊。1943年，参加莒中县医药界抗日救国联合会，任垛庄分会会长。其间，积极组织民间医药人士防病治病，支援抗战。1947年，卢孝文在本村合作药股任医生。1950年，他被评为县一等防疫模范。1954年3月，任职于公立卫生机构。1957年，被评为山东省先进工作者。先后任县医联会会长、县卫生工作者协会主任、县各界人民代表大会常务委员会副主席、县人民委员会委员、县政协委员等职。1955—1956年，为山东省中医委员会委员。1961年9月，调莒县人民医院任中医师、中医科副主任。他善于学习，勤于钻研，曾将叶橘泉《实用中药》的部分药品药性、功能编成《西江月》1册。退休回乡后仍为群众看病，求诊者甚多。

孙明莲（1905—1989），女，莒县孙家庄村（今属果庄乡）人。嫁阎庄镇小柏林村朱义为妻。承娘家所传秘方配制的"祛风散"治无名肿疼、破伤风有奇效，无偿医治患者。秘方传于其子朱发玲。

卢新民（1905.12—1996.4），原名春台，字熙民，莒县卢家孟堰村（今属小店镇）人。1929年冬入莒县大店道胜药局从师庄方璋学医，6年出徒。1934年在本村开办"熙民药房"，1943年任职于莒中县利民医药合作社并任负责人。1946年3月任莒县卫生科副科长（主持工作）。1948年3月至1949年12月任莒县卫生科科长。其间，1949年1月至1949年10月兼任县立医院院长。1949年9月加入中国共产党。1949年10月任日照县卫生科科长兼日照县人民医院院长。1957年1月任日照县卫生科科长。1958—1975年任日照县卫生防疫站站长。卢新民是莒县人民医院的创始人之一，一生钻研并融合中西医术，为百姓服务，为人厚道，深受人民群众赞誉。

傅传秀（1906—1964），字明山，莒县五楼山前村（今属中楼镇）人。私塾10余年，拜师学医，擅长妇科，名闻莒、莒南两县。

孙明莲

卢新民

傅传秀

严瑞章

严瑞章（1906—1989），字国祥，莒县马顾屯村（今属浮来山镇）人。6岁入塾启蒙，课业10年。16岁辍学务农，19岁在本村塾学执教并习研岐黄之术。27岁在本村及南高家庄村开药铺兼应诊。1938年，去黑龙江鹤岗煤矿业医6年，后受聘于黑龙江依兰县宏克力区小洼村小学任教。1950年回莒，在阎庄区供销社中药股工作。后到本区卫生所和石井区卫生所任医生。1956年调入县人民医院任中医师。1957年在山东省中医进修学校针灸班学习1年，系统地学习了阴阳五行、四诊八纲、经络等中医理论，医术大有长进，尤攻针灸。常用针灸治疗三叉神经疼、面神经麻痹、小儿腹泻等。严瑞章性情耿介，为人爽直，不善奉迎，好读书，喜收藏。去世后家人遵其遗嘱，将其所藏之书尽数捐赠县图书馆，一时传为佳话。代表作品有《蝗虫目睹记》《痘疫一域记》。

唐守治

唐守治（1907—1980），莒县唐家沟村（今属寨里河镇）人。拜师学医4年，读经典明医理，弱冠之岁即能独立应诊，擅长内科、妇科，在莒、日照县颇有名望。后参加工作，在龙山公社卫生院任中医。

张进

张进（1907—1984），莒县响波头汪村（今属浮来山镇）人。幼年在本村塾学读书5年，后随父习医，学有所成，遂业医应诊。1947年，孟良崮战役时，随军支援前线，荣立一等功、二等功各1次。1948年，在本村医药合作社任医生。1952年任职于公立卫生机构，先后在一区卫生所、县大药房任医生。1956年调县人民医院任中医师。多次参加临沂地区中医理论研讨会。1975年退休。张进擅长外科，尤攻疮疡。医术高，经验丰富，善用土、单验方，疗效显著。1958年将临床常用经验良方41方献给医院。退休回家后虽身体欠佳仍业医不辍，求诊者踵于门，名闻数县。

马凤歧（1907—1990），原籍莒城人，1948年到阎庄以理发为业，后在阎庄村落户。精于按摩、整骨，义务为群众治病多年。

马凤歧
—名沂山医—

刘文杰（1907—1992），字汉三，莒县刘家洙流村（今属长岭镇）人。1940年，在石井村开办"仁济药房"，并以此为掩护作为共产党地下工作联络点，救治了很多伤员。1948年，在寨里河村，曾为一战士实施截肢术，保住了伤员性命，震惊医务界。中华人民共和国成立后，在莒县人民医院工作，建院初曾任代理院长半年，以后一直在医务界工作，直至离休。其治愈者数以千计，尤擅长接骨、治疗吊斜风（面神经麻痹）等疑难症。至今其后人仍存有祖传秘方。

刘文杰
—名沂山医—

郭瑞修（1908—1984），字德范，莒县庞家泉村（今属浮来山镇）人。读私塾8年，善诗文。后从教兼习医术，谙熟医理。1937年弃教业医，长于针灸及内、妇、儿科。1957年参加山东省中医研究班研习，毕业后分配到山东省中医研究院针灸研究所工作。1960年应全国著名农业劳动模范吕鸿宾之邀，经山东省卫生厅特批，返莒从医。1965年12月被临

郭瑞修
—名沂山医—

沂地区卫生局授予"名中医"称号。他一生致力于中医针灸事业，医术、医德名闻莒、沂诸县，尤对中风后遗症、小儿麻痹后遗症、女性不孕、顽固性痹症等病颇有研究。著有《针灸经穴分寸歌》《简易针灸学》《验方集锦》等（未刊）。

刘家秀

刘家秀（1908—1992），字子美，莒县借庄村（今属陵阳镇）人。中共党员。9岁入学，16岁辍学后，先后到今沂南县土山村和莒城南关"谊泰昌"店铺为店员。18岁投莒县"同仁药房"葛铭琪门下为徒。其间，他勤奋敬业，深得先生喜爱，得其真传。1938年2月，日军占领莒县，"同仁药房"外迁，他回乡行医。

1944年11月，莒城解放，他加入了中国共产党领导下的群众团体——医药界抗日救国联合会并任陵阳区分会会长。1946年加入"利民药房"任医生。1948年8月在大众诊疗所参加工作。1952年10月任莒县卫生院副院长。1960年3月任莒县人民医院院长并先后担任党支部委员、副书记、书记等职。1973年5月退休。

刘家秀是莒县人民医院的创始人之一。1952年任院领导后，以身作则，带领全院干部职工认真执行党的卫生工作方针，紧紧围绕党的中心工作，重点着力于卫生防疫、预防接种、妇幼保健等社会卫生工作，使全县的传染病发病率得到了有效控制，人民的健康水平逐步提高。同时，注重医院的自身建设，筹建了两处新院址，不断开展新技术、新项目，扩大了服务范围，提高了诊疗水平。1965年，在省卫生厅护理工作组的指导帮助下，加强了医院的正规化、制度化、规范化建设，使各项工作特别是护理工作达到了较高的水平，成为全省县级综合医院的典范之一。

何善（1908—1996），女，莒县何家楼村（今属阎庄镇）人。嫁于渚汀村。在娘家受其母亲教导，用针灸、按摩等手法，配以偏方、验方为群众治病。

王家合（1909—1978），莒县高崮崖村（今属碁山镇）人。12岁入私塾读书，15岁随其父居晋边学文化边学中医常识，代父亲拉药橱兑药。18岁时父亲病逝，为生计，去曹家坡（今属沂水县）一家药店当伙计。有一年，少东家妻患妇科病，本店坐堂医生无法治愈，便请了周围几位名医诊治，仍不见效。家合想到父亲曾为人治愈过这种病，便向东家自荐，东家让其诊脉开方，服药后，数天即愈。因而名声大振，东家聘为坐堂先生。27岁时，家合从曹家坡迁到娄家坡（今属五莲县）定居，并开了小药铺。1946年，家合被推为于里乡（今五莲县于里镇）卫生所医生，从此脱产，直到1976年退休。

孙培桢（1909—1984），字祥廷，莒县东大街（今属城阳街道）人。幼时读塾学数年，当过店员并习医，后在城里开办"新民药房"，曾任莒县医救会秘书长、副会长，县医联会长、卫生工作协会主任。1949年任城阳区医联会会长。1952年，城关镇卫生所成立后任医联会长兼管社会卫生防疫工作。在战争年代积极参加抗战及支前工作。

何善

王家合

孙培桢

姜道远

史桂芳

　　姜道远（1910—1983），莒县姜家洼村（今属库山乡）人。自幼随三祖父仙瀛在临沂开办的"人和药房"学习中医。中华人民共和国成立后，在家乡开办中医诊所。1958年被招录到库山卫生院工作，1978年5月退休。在中华人民共和国成立初期缺医少药的情况下，千方百计为患者解除痛苦，面对频发的天花、白喉、脑膜炎、大脑炎、霍乱、疟疾、黑热病等众多顽疾，他苦心钻研，辨证施治，挽救了很多人的生命。他号脉精准，问诊仔细，对多发病、常见病都能准确给予施治，特别是对内、外科疑难杂症、不孕不育、颈肩腰腿痛等，均有独到见解和治疗方法。他在茶沟、庄科、邹家庄、孙家路西等卫生室行医期间带徒10余人。

　　史桂芳（1910—1985），字丹五，莒县大柏林村（今属阎主镇）人。幼年随父致远学习文化，并在其父开办的"保和堂"药铺习医。1944年后，先后担任阎庄区医药界抗日救国联合会（简称"医救会"）会长、医药界建国联合会（简称"医联会"）会长兼县医联会执委、县医联会副会长等职，组织并带领会员参加抗战、支前。1947年冬，孟良崮战役中一个连的伤兵进驻艾家庄（今属沂水县），请史桂芳前往诊治，史桂芳无偿供药并亲往治疗，每日一次，直至伤员痊愈归队。

　　在区卫生所成立之前，组织地方开业医生建立联合诊所，1952年3月任十四区卫生所副所长并主持工作。区卫生所建立之初，资金、设备缺乏，他把自己家的两个药橱及医疗器械捐为公用。曾任莒县第一至十届人民代表大会代表和县各界人民代表大会常务委员会副主席，县第五、六届人民委员会委员，县卫生工作者协会副主任。他为人谦和，诊病细心，用药精巧，长于内、妇儿科，工作中勤恳朴实，体恤患者，深受各界人士称颂。1971年从爱国人民公社卫生院退休。

徐存中（1910—1990），字寿臣，莒县徐家当门村（今属阎庄镇）人。16岁拜莒城中医熊光梅为师。善于中风、无名急疮、妇科等症治疗，针灸学上的"五虎擒羊针"为其所创，有《张天师祛病法》手抄本传世。

徐存中

吴廷坡（1912—1980），字质斋，莒县罗家庄子村（今属浮来山镇）人。初中文化。18岁入"同仁药房"随名医葛树仁习医。1944年后曾任沭东区医救会长、县卫生科科员、莒县县立医院防疫室室长等职。1952年调任沂源县卫生院院长。1955年调任莒县麻风防治站站长。1957年起任临沂地区皮肤病防治站站长。参加过南麻、莱芜、淮海等战役及导沭工程，先后荣立二等功两次。一生致力于卫生防疫事业，1978年离休。

吴廷坡

张电亭（1912—2000），字镜岩，莒县阎庄村（今属阎庄镇）人。18岁拜师学中医。刻苦钻研《内经》《伤寒论》《本草纲目》等中医经典著作，熟记《药性赋》《汤头歌诀》《濒湖脉学》等著作。26岁时又与其弟云亭同去青岛南海学院学习西医。两年后毕业，在家乡阎庄街和莒县城南关开业行医。

1938至1943年，他受鲁中军区敌工部长何庆宇

张电亭

之托，为解决解放区药械奇缺困难，多次去青岛购买药品、医疗器械及电池等物资。1942年，经何庆宇引荐去军区司令部（时在今沂南县依汶镇），受到司令员罗荣桓接见与表扬。

1944年去潍县，后又去济南行医，1948年去新泰县开办刘杜区联合诊疗所任主治医师，享受业务14级待遇。1958年，张电亭回到原籍阎庄，被安排在玉皇山卫生所行医，并且带了4个徒弟学习中医，其间被评为全省名中医。中共十一届三中全会后，新泰县卫生局为其办理了退休手续。遗有《内伤杂病治验》《用药心得》《小验方手记》等著作。

王竹书
名医·沂山

王竹书（1913—1973），莒县东辛河村（今属小店镇）人。初任教务兼习医学，及至学医有成，遂以医为专业，长于内科、小儿痘疹。1951年参加卫生工作，在小店区联合诊所任中医。

刘海山（珊）
名医·沂山

刘海山（1913—1979），亦写作刘海珊，莒县大沈庄村（今属东莞镇）人。自幼跟随父亲刘瀛洲学文习医，长于内科、妇科，对其他各科均有研究。1950年参加工作，专业中医师，曾任莒县人民医院东莞分院副院长，多次当选莒县人民代表大会代表。晚年手书《临床经验》1册，对临床有一定的实用价值。其子桂馨为莒县名中医。

孙荣吉
名医·沂山

孙荣吉（1913—1988），字祥廷，莒县长宁村（今属碁山镇）人。1928年考入莒县县立中学，18岁开始先后在莒城"同成泰""丰裕福"药铺当伙计。经过几年刻苦学习，掌握了不少中医中药知识，医术水平不断提高。1938年2月，日军侵占莒城，兵荒马乱，药铺老板将中西药和医疗器械作价卖给祥廷；同年3月，祥廷把药运到长宁村开起了药铺。方圆几十里患者慕名而来。他诊病认真细致，对症施药，有钱看病，无钱亦看病，对贫困患者不收钱。1947年秋孙荣吉迁到青岛，靠在街头行医维持生活。一天，路遇一医院诊为不治之症的垂危患者，祥廷主动上前为患者切脉诊断，确定病情后，征得病家同意，亲自为其煎药治疗，很快将患者治好。患者及家属感恩戴德，在青岛市大街小巷张贴"喜报"，喜报上说："神医孙祥廷，扁鹊再世"。消息传到了当年莒县城丰裕福老板刘希鹏耳朵里，他将祥廷请到了自己在青岛开的中药铺里当坐堂医生。青岛解放后，祥廷接管这所药店。之后祥廷调到国棉二厂白求恩医院，任主治医师。1964年，青岛市举行中医医学考试，名列第一。之后祥廷曾回长宁村半年之久。乡亲们看病，有求必应。

李兴周（1914—1977），字子祯，莒县黑涧村（今属中楼镇）人。承父观海志，精医术，擅长内、妇科，在莒、日照、莒南等县颇有医名。

李兴周

卢景明（1914—？），莒县卢家孟堰村（今属小店镇）人。受学于乡间私塾，14岁因遭大旱之灾，举家迁东北临江，耕作谋生。时通读医学古籍，钻研医学真谛，入山采药800余种，其中400余种吉林未有记载，填补了吉林省中草药研究方面的空白，补全医学典籍缺漏。1935年春考入临江国民高级中学，边读书边为三家店铺记账济学。1938年升入张

卢景明

宋品苓

—名沂医山—

于兆行

—名沂医山—

杜　琛

—名沂医山—

学良创办的辽宁第六师范学院攻读教育学，毕业后公派日本留学继续攻读教育学。1941年回国，先后担任浑江河口小学、临江国民小学校长。1947年负责筹建大栗子小学并担任校长。1951年到临江一中任教。著有《金匮要略参新释》《药性释文》《白山药物·食疗部》《白山药材》《白山中草药》《脉疗二条》《草类研究》等10多部医书，共计500多万字。系吉林省文化名人。

宋品苓（1914—2002），莒县宋家路西村（今属库山乡）人。16岁师从姜仙瀛学医，致力于中西医结合实践。1941年底，在本村开药铺行医，对天花、小儿麻疹、脾积病的治疗在当地享有盛名，解放后被政府聘为首批医师，曾在庄科、茶沟卫生所、库山卫生院工作，1978年5月退休。

于兆行（1915—1984），莒县孙家村（今属城阳街道）人。自幼随父习医，1957年任职于公立医疗机构。1958年，在省办莒南中医进修班学习，毕业后在韩家村乡卫生院，以及韩家村、官庄、戚家街、刘西街卫生所工作，之后在庄疃卫生院退休。于兆行医术精湛，医德高尚，服务热情，无论白天黑夜，有求必应。1972年被评为临沂地区先进工作者，1976年被评为莒县名中医。

杜琛（1917—1979），莒县杜家当门村（今属阎庄镇）人。自幼学习针灸，主治儿科，精于针灸。

张锦华（1917—1983），莒县大张官庄村（今属安庄镇）人。莒县名老中医。少年随其父在本村私塾读书 5 年，后自修中医。1944 至 1951 年在本村建立私人诊所，遂业医应诊。1952 年任职于公立卫生机构，同年被派沂水（专署驻地）人民医院进修学习 1 年。先后在谢家庄卫生室、柳石头卫生所、中楼乡卫生院、刘家官庄公社西营墩卫生所工作。1962 年夏调安庄公社卫生院任中医师，1965 年带徒 5 人。张锦华勤于钻研，对《黄帝内经》及张仲景《伤寒论》、叶天士《温热论》等都有一定研究，尤其对妇科、儿科、小儿科及疑难杂症、不孕不育症等造诣较深，主张"治风先治血""见血莫先止""首辨气机而调之"。多次参加县、地中医理论研讨会传授经验。遵循"医乃仁术，唯存善心而精心研究医理方能治病救人"之古训，诊病不问贫富贵贱、长幼妍媸、怨善亲友，普同一等，有求必应。

张锦华

袁正瑶（1923—1986），字棋峰，莒县东楼村（今属龙山镇）人。出生于中医世家，幼承家学，博学众家，医术验案俱丰。中共临沂地委〔1984〕45 号文件特别标树的模范共产党员，山东省劳动模范。出身于农民家庭，世代以种田和行医为业。家境清贫，从小即在祖父教导下，一边学习文化，一边学习中医药知识和临床诊疗技能，由此逐渐奠定了中医学理论和临床实践的基础。自 1937 年始，袁正瑶在家乡走上了靠务农行医谋生的道路，正式继承起祖传事业。1945 年被推举为莒县九里区医救会长，以医术为武器投身于抗日救国斗争。1949 年 2 月，调莒县大药房工作，初为业务员、医药购销员，不

袁正瑶

久调至莒县竹园区供销社邢家庄医药部任专职医生。1958年2月被选派去山东中医干部进修学校学习，次年结业后分派到临沂地区人民医院工作，是年4月加入中国共产党。1975年任地区医院中医科副主任。1979年当选为中华全国中医学会山东分会理事。1982年4月晋升为主治医师，同年9月再晋升为副主任中医师。1986年5月病逝。

袁正瑶出生在一个以医道擅名的家庭中，通过耳濡目染和勤奋好学，他不但掌握了较高的科学文化知识，而且继其曾祖、祖、父三代之后，在"医乃仁术"的传统思想指导下，渐而成为一名医德高、医术明的中医。

家教和穷困的境遇养成了袁正瑶体恤同情贫病的风格。他在乡里行医出诊，经常免收、少收药费或教侦土方验方救死扶伤，经常赊药济贫，急人困穷，乡人称善。他在邢家庄医药部行医数年，不分昼夜、不顾风雪雨露，有求必出诊，有时亲自为患者熬汤煎药，使村民李仲洲妻等多人起死回生，1957年被评为供销系统先进工作者。他调离时，乡人挥泪挽留送别。在地区医院供职近30年之久，废寝忘食，劳碌忘息，除使吴景福等患者危而复安、使张姜氏等患者化险为夷外，还经常为贫困患者出资抓药，送去水果、鸡蛋等以作营养补给，得到广大患者"不是亲人胜似亲人"的赞誉。他热情廉正，舍己为人，医德医术，传誉远近。1984年，被评为山东省劳动模范。

袁正瑶好学不倦，精益求精。他长于内科与妇科，对于一般感冒和流行性感冒，神经衰弱，脑出血，急、慢性肾炎，子宫功能性出血，不孕症等疾病的诊治均有独特疗效。另对于外科、皮肤科、传染病科疾病同样有深广研究，对尿路结石、阑尾炎、乳糜尿、慢性荨麻疹、乙型脑炎、麻疹及并发肺炎等病症也都颇有研究。为传帮中青年中医工作者，袁正瑶在看病治病之片暇，整理出113个病种、127个病案约20万字的辨证施治材料。撰写专业论文多篇，分别发表于《山东医刊》《山东中医杂志》《沂蒙医药》等学刊上。1964年，《中西医结合抢救11例脑溢血病的体会》选入《山东中医学会论文选编》；1973年，《乙脑治疗中几个问题的体会》发表于《中医选刊》。

刘成志

刘成志（1924—1987），字瑞斋，莒县前小河村（今属长岭镇）人。自修中医，深得中医之奥妙，擅接骨，治腰疼、恶疮。经常与八里庄子村老中医刘征一起切磋技艺，交流学习，并结成忘年交，感情甚厚。村内一老人，不慎脚踝骨粉碎性骨折，因年纪大，几家大医院都无法治疗，只好回家。后请刘氏治疗，不到两个月，老人便能下地走路。腰痛病、牙痛及其他一些常见病更是药到病除。恶疮痛肿，一二剂中药便能治愈。他心地善良，乐善好施，广交朋友，有求必应，分文不收，无偿提供服务。晚年致力于常见病验方的著述，著有验方数卷并流传于世。

刘桂馨

刘桂馨（1932—2003），莒县大沈庄村（今属东莞镇）人。中共党员。1952年11月参加工作，任本村小学教师，1953年7月在东莞区供销社医药股任中医师，1957年8月在莒县药材公司东莞医药部任中医，1958 年 8 月在东莞公社卫生所工作，1959 年 7 月在莒县人民医院中医科工作，1993 年 11 月退休。

1983 年，刘氏被评为莒县首批"中华全国中医学会"会员。1987 年晋升为副主任中医师。历任莒县人民医院中医科副主任、主任。选聘"中华全国中医学会临沂分会"理事、莒县分会副理事长等职。擅长内、妇科，尤精于急危重症和疑难病症的诊治。1965 年 12 月 9 日被临沂专署授予"名中医"称号。

王永敬

王永敬（1933—1971），字肃斋，莒县陈家城子村（今属店子集镇）人。精医术，擅长内、妇两科。后在陵阳公社医院任中医。

李守法

李守法（1937—2002），莒县赵家二十里堡村（今属浮来山镇）人。中共党员。毕业于吉林省通化矿务局卫生学校，为莒县中医医院首任院长，主治医师。

1983 年 12 月为中华全国中医学会会员，1985 年被中国骨伤科学报聘为记者，1989 年任中国骨伤人才协会常务理事、《全国骨伤工作者名录》编委，1990 年 4 月参加全国骨伤第二届专业学习班，1996 年发明国家专利骨伤接骨药"莒红丹"，1998 年被载入《科学中国人、中国专家人才库》。从事中医药、临床工作近 40 年，发表论文 10 余篇。

郭明芳

郭明芳（1944—2004），女，莒县庞家泉村（今属浮来山镇）人。出生于中医世家，1962 年随父亲郭瑞修习医。1963 年参加工作，1979 年参加全国中医考试被录取为中医针灸师。1981 年在临沂中医院进修 1 年，1984 年 12 月创立县中医院针灸科。1985年考入北京中华针灸进修学院大专班学习 3 年。1990年毕业于山东中医学院，1994 年 10 月晋升副主任医师。曾任莒县中医医院针灸科主任、骨科党支部组织委员、医技科室党支部书记。1987 至 2003 年，连任政协莒县第三、四、五、六届委员会委员，莒县第四届专业技术拔尖人才。

郭明芳擅长中医针灸、推拿、穴位注射治疗疑难病症。从事中医针灸、临床、教学、科研工作 40余年。尤其对治疗小儿麻痹症、痿证、中风偏瘫、顽固性痹证、老年习惯性便秘有独到之处，对临床辨证疗效显著。《针刺为主综合治疗脑血管意外后遗症》获省科协第三届优秀论文二等奖。《自研外用速效息痛液治疗各种神经痛症》《中医针灸辨证施护治疗网球肘》获国家优秀论文奖。先后在国家、省级刊物上发表论文 30 余篇，获优秀论文 10 余篇，参编著作 4 部，获市级科研成果奖 2 项，县级科研成果奖 3 项。1986 年被评为"山东省卫生系统先进工作者""三八红旗手""模范共产党员"，1987 年 9 月被县委、县政府记大功 1 次。

沂山

五莲县

臧惟几

臧惟几，号敬轩，明代诸城县人，晚年生活在五莲山一带。喜读书、善诗文，性恬淡，官至太医院吏目。不乐仕途，善多方外交，虽出身豪门，但处世超脱，喜爱幽静山水，饱读儒家诗书，又深好研讨佛学哲理。

刘 奎

刘奎（1724—1807），字文甫，号松峰，清诸城县（今高密市注沟镇逄戈庄）人，幼年随父迁居今五莲县杨家沟，殁后葬于此。刘奎与刘墉为伯叔兄弟。

刘奎出身贡生。随叔父统勋至京，拜京都名医郭右陶为师，深得其传。术成以医为业，先后悬壶于京师及西安，诊治多效验，所至之处，均留盛誉。晚年归乡，为民诊病，名噪当时，有"南臧（枚吉）北黄（元御）中刘（奎）"之称。后隐居于杨家沟松朵山下著书立说，山上苍松翠柏高耸，风光无限，奎乃自号"松峰老人"。刘奎生平以孙真人"不得于性命之上，率而自逞俊快，邀射名誉"为格言，自作"救人疾苦，不在名誉"为铭。晚岁医术更精，沉疴痼疾，多著手成春。五莲山区，潍河流域，久负盛誉。

刘奎精于伤寒温疫诸证，师古而不泥古，既宗《伤寒论》六经辨证，又崇尚吴又可温疫之说，参以己验，于乾隆五十三年（1788）撰成《松峰说疫》，于嘉庆元年（1796）撰成《温疫病类编》并刊行于世。此外尚有《松峰医话》一书，未刊印，1965年由其后人携至东北，至今存佚不明。

《松峰说疫》一书最能反映刘奎学术思想。书凡六卷，共载病证140余种，方剂200余个（包括经方、时方、自拟方、单方），涉及内、外、妇、儿、五官等科。卷一为"述古"，叙述历代名家对瘟疫之论述；卷二为"论治"，阐述瘟疫治法；卷三为"杂疫"，教人辨析瘟疫及各种兼证、杂证；卷四为"辨疑"，列举瘟疫种类及痧、翻、挣的辨证治疗；卷五为"诸方"，罗列治疗、预防瘟疫的方药；卷六为"运气"，阐发五运六气与瘟疫发病的关系。

　　刘奎在《松峰说疫》一书中，首引《内经》论治温病之文，又遵仲景《伤寒论》六经证治之说，结合自己临床经验，独创瘟疫六经治法，发展了仲景学说，丰富了瘟疫治法，独辟蹊径，识见超卓。对历代治瘟疫名家如张景岳、吴又可等前辈的理论，能择其善而从之。对其理论有不同看法之处，亦能大胆提出己见，决不人云亦云。刘奎治瘟疫所用方药是补泻温凉随人而施，从不偏执己见。尤其难能可贵者，自古医家认为瘟疫属热者多，治尚寒凉，唯刘奎独具慧眼，能识寒疫之真面目，大胆施以温药，实发前人所未发。在对瘟疫治疗上，刘奎不但长于治，而且更重于防。他认为瘟疫多发于"饥饿之后，或兵氛师旅之余及五运之害制，六气之乖违，两间厉气，与人事交并而瘟疫始病者，人触之辄病，证候相同，而饥寒辛苦之辈或者居多，年高虚怯之人或者偏重。"他提出在瘟疫流行区域和气候失序之时应注意预防，是有一定现实意义的。除此之外，刘奎对孕妇、小儿瘟疫的治疗及瘟疫病的护理宜忌、病后调理均有一套行之有效的方法，值得后人借鉴。刘奎名扬齐东，福山县刘嗣宗骑驴跋涉七百余里登门拜访，并为《松峰说疫》一书作序。

　　刘奎作为清代著名的瘟疫病专家，以其精湛的医术、高尚的医德而闻名海内并载于清史，对学术研究严谨认真，能汲取历代名家之精华，并在其基础上加以创新，既有继承又有发展，是值得后人学习的。他所总结的治疗瘟疫的理论和经验，对温热病学说的发展起到了一定的推动作用，不愧为一位对医学领域有卓越贡献的医苑大家。刘奎善古文诗词，著有《松峰诗略》《松峰文略》二书。

子秉锦、秉淦亦工医术，兄弟助父著述，《松峰医话》一书，盖其所辑。其后代刘季三继承祖业，医术显于齐鲁。晚年居青岛，历任青岛市中医院院长、青岛市中医学校校长、青岛市科协副主席、青岛市中医学会理事长、山东省中医学会副理事长等职。

崔 英

崔英（1853—1939），字仲九，今五莲县许孟镇瓦窑沟村人。8岁上学，22岁教书私塾，并自学医术，25岁弃教行医。在本村开设中药店，坐堂治病，其医术本源于《内经》《伤寒论》等经典著作。前后行医约60余年，专长内、儿、妇科，在本地民众中威望颇高。

刘宣臣

刘宣臣（1871—1943），今五莲县户部乡大刘家槎河村人。青年时考中秀才，受其先祖刘奎影响，苦习医书，25岁时开始行医诊病，擅长中医内科，在当地有一定声望。

刘培杰（1873—？），字汉三，今五莲县于里镇北店村人。自幼随祖父习医，后继祖业在本村"四诊堂"药店坐堂诊病，擅长中医妇科。

朱世春（1878—1966），字永芳，今五莲县洪凝街道冯家坪村人。早年曾当过道士，后承父业习医，先后攻读了《内经》《伤寒论》等著作。在日照、诸城、莒县行医60余年，医术高明，活人无算，素有"灵先生"之美称。据说日照一商人之妻患子痫，求治十二医未愈，后求治于朱世春，一剂则愈。1941年瘟疫流行，他无论贫富贵贱，有求必应，深得乡人称道。

王著东（1879—1966），今五莲县户部乡户部村人。青年时代随父习医，23岁开始独立行医诊病，精于小儿痧痘科。解放前，小儿痧痘流行，经王著东治疗而存活者甚多，在当地声望颇高。中华人民共和国成立后，他在户部公社卫生所工作，深得人民赞誉，并送其绰号"大翰林"。1951年秋，他凭自己多年的医药经验整理成《麻疹摘要及幼科》一书，有手抄本存世。

董日成（1879—1968），字敬一，今五莲县街头镇董家庄人。其医术源于《内经》《伤寒论》。自1919年悬壶行医，行医40余年，积累了丰富的临床经验，擅长内、外科。1929年参加日照的中医考试，名列前茅。对于疑难重症治疗，每奏捷效，深受病家称赞。日照、莒县一带求医者众多。

刘培杰
朱世春
王著东
董日成

张传英

张传英（1881—1967），字玉生，今五莲县汪湖镇东云门村人。少年时期开始教书，同时自习中医，于1927年弃教从医。曾在大北杏村开设中药店，坐堂诊病。中华人民共和国成立后，在许孟区医药部、卫生所工作。1958年调至县医院任中医，专长中医内科。曾在当时《五莲大众》报上发表《八十中医话今昔》文章。

厉松鹤

厉松鹤（1883—1973），今五莲县松柏镇钱家庄子村人。读过7年私塾，青年时期拜师习中医。1913年在本村开药店，坐堂诊病，擅长中医外科，名闻一方。1949年任职于本县较早的集体性医疗机构——松柏联合诊所，后在松柏联合诊所工作至病逝。

管相文

管相文（1888—1958），字尽臣，今五莲县于里镇小尧村人。14岁因生活困难受雇于青岛一家药铺干杂活，后转做中药调剂。1913年又投奔济南九镇药铺做中药调剂。"九一八"事变后，回乡自办"进昌药房"，坐堂行医。管相文除熟悉本草药性外，还熟读中医四大经典著作，专长内、妇二科，尤以内科为精，在本地有较高的威望。他总结60余年临床实践经验，著成《临床验证》书稿。

刘仲贤

刘仲贤（1890—1964），字禄卿，今五莲县高泽街道夏家疃人。其医术为家传，至刘仲贤已历四世。他精研《医宗金鉴》，善于辨证施治，医治外科痼疾，常获奇效。对痈、疽、疮、疖等，能施行简单的手术治疗，素有"刘家外科"之称。

宋启周（1894—1966），字化南，今五莲县于里镇管帅村人，为六代家传中医。精于内、妇两科，尤以妇科见长。对治疗妇女不孕症颇有经验。在今县境西部及莒县北部颇有名望。解放后，曾长期任管帅区医救会会长，后在管帅公社卫生所、医院工作。1954年冬出席胶州地区中医代表会议。

殷文准（1897—1973），字淑标，今五莲县洪凝镇却坡村人。早年在日照随师学医，1938年至1944年归乡开业，药铺堂号为"同仁堂"，1945年与其他药铺合并为洪凝区济生药社，并由殷文准担任经理兼洪凝区医救会会长。1952年参加胶州中医学习班。1954年在县医院中医科工作，是年在胶州专署第一届中医代表会上发表了关于中医治疗骨结核经验的论文，得到与会者好评。1957年被开除回家，后继续诊病，直至病逝。他一生行医，救死扶伤，医德并重，对治疗骨瘤（骨结核）有成熟经验。

郑景山（1899—1972），字三池，今五莲县许孟镇玉皇庙村人。读过8年私塾，20岁开始教书并自学中医，熟通各医籍。25岁弃教行医，擅长运用中医治疗伤寒。自1956年先后在高泽、许孟、洪凝等医疗单位从事中医工作。1959年《山东省中医验方汇编》（第2辑）载其治血崩方。

秦辅卿（1904—1974），今五莲县街头镇大洼村人。出身于农民家庭，幼时勉强读了两三年私塾，后务农为生。1931年，出任日照县三区坊子乡乡长。因其为人忠厚老实，不擅长与上级周旋应酬，为下

宋启周

殷文准

郑景山

秦辅卿

属和百姓主持公道也困难重重，不到一年便辞职学医。受革命进步思想影响，去青岛进药时，总是给我部队捎带部分药品。

秦辅卿行医，不分贫富，随叫随到，有钱无钱一样治病。1947年前后黑热病流行，积极防治，多所活人。1947年国民党进攻时，地方部队、机关撤退，辅卿随各部队为伤病员治病，当时曾在日照县的大石头、台庄一带活动。后任街头药房负责人。1954年，加入联合诊所，从此一直在医疗卫生战线工作。同年被选为五莲县人民代表大会常务委员。1972年退休，两年后因病逝世。

韩龙相（1906—1985），字云庵，今五莲县叩官镇夏家庄村人。18岁时开始教书，28岁弃教，随其岳父徐玉珍习医诊病，1959年在叩官公社医院工作。在叩官、潮河及胶南县海青一带享有较高声誉。曾当选五莲县人大代表。

张继恩（1908—1994），字西三，今五莲县中至镇坡西村人。18岁时随父在本村开业行医。当地解放后，于1947年加入中至利民药房工作，擅长中医妇科。后在中至卫生所工作，并在县医院中医科任职。1959年当选为五莲县人大代表。1975年退休。

岳隆恩（1909—1979），字梅村，今五莲县汪湖镇小柳行村人。自学中医，擅长针灸。1936年在本地行医，青岛解放前在青岛行医，青岛解放后在潍坊市市立医院工作，并任该院针灸科主任职务。编著《放血疗法》一书，未刊印，已佚失。

韩龙相
—— 沂山名医 ——

张继恩
—— 沂山名医 ——

岳隆恩
—— 沂山名医 ——

高维合（1909—1981），字仲理，今五莲县潮河镇杜家河村人。自学成才，早年在本村卖药行医，1945年后在潮河卫生所工作。1959年加入地区中医学会。他医技超众，尤擅长肝病、肺痈以及毒蕈中毒等病症治疗，疗效颇著。他德高望重，当选五莲县第七届人民代表大会代表。

王保苍（1912—1968），字方廷，今五莲县街头镇王世疃村人。青年时期跟随其父在本村开设的"专济堂"药店习医诊病，擅长中医内、妇两科。中华人民共和国成立后曾任街头区医救会会长。之后陆续在街头医药部、王世疃诊所、街头医院工作。曾任五莲县人大代表。

徐树堂（1914—1992），字茂萱，今五莲县潮河镇东石河村人。青年时期在本村开设中药铺，兑方卖药。1946年开始行医诊病。1959年在县医院工作，并长期当选为昌潍地区中医学会理事。1980年3月退休，1992年病逝。

赵从淑（1963—2023），女，今五莲县石场乡石场村人。山东省基层名中医（药）专家。家传第三代中医，1978年随父亲赵瑞学习中医，并在本村卫生室工作。1985年参加本县卫生学校中医班学习，1987年开始从事中医临床工作。2021年通过考核取得"中医确有专长"医师资格。在中医妇科、中医骨伤科及皮肤科等方面颇有心得，尤其以中医妇科为专长。针对女性痛经、月经不调、带下病、不孕、产后病、乳肿、乳瘤、子宫肌瘤等妇科疾病，以及颈肩腰腿疼痛等病症，诊疗效果良好，深得患者信任。

高维合
—— 名医沂山 ——

王保苍
—— 名医沂山 ——

徐树堂
—— 名医沂山 ——

赵从淑
—— 名医沂山 ——

诸城市

王 经

　　王经，字仲传，明代诸城县南老村（今属枳沟镇）人，王玉（字德润）之子。他品性高洁，不染尘俗。以读书不成名，遵父命攻读《内经》，遂成名医。制药饵，普舍施，踵而求者门如市。贫者就医不索报酬，且经常供给饮食，直至痊愈方令之去。

邱云岘

　　邱云岘（1549—1611），字名南，号依林，诸城县北乡柴村（今属高密市）人，后徙居张哥庄（今属百尺河镇）。乃明南京吏部尚书邱橓的从子，明万历恩贡生邱桴的次子。生于嘉靖二十八年（1549）十月十五日亥时，卒于万历三十九年（1611）八月二十九日申时，以其子邱志壮官，例赠明威将军。云岘工楷书，学岐黄，普济贫苦。以《痘疹辨证》《杏林集》等著作行世。云岘生子九人，其三子邱志发，字五区，廪膳生，兼精岐黄，其效如神。

王化贞

　　王化贞（1573—1632），字肖乾，诸城高乐埠村（今属城关镇）人，明万历四十一年（1613）进士。王化贞自幼习轩岐之术，勤奋好学，医文并茂。入仕途，历任户部主事、右参议等职。天启元年（1621），诏为巡抚，分守广宁（今辽宁省北镇市一带）以御清兵南侵。次年二月因失守广宁削职戴罪回乡，崇祯五年（1632）被诛。

　　化贞出仕前，已为邑内名医，著有《痘疹全书》《产鉴》《应急验方》，并刊行于世。负罪回乡以待终日之时，化贞出于"指标病情开始法，但解书者，了然易辨，使人人能自为医"之医德及"因便取材"和"为褛者服务"之目的，参阅历代医著四百余部，援引各家学说，广为收录习用土、单、验方，"盛夏祖裼，挥汗盘搏"，精心撰写业医经验，于天启丙寅（1626）三易其稿，著成《普门医品》。是书体例先论证、后附方，列证颇详，语言通俗，深入浅出，遣方得当。全书48卷，论280余证，载方6000余，计50余万字。

《普门医品》反映出王氏不拘一法，严谨而又灵活的治学态度：审寒热，辨虚实，洞察细致；审时令，循经络，法时用药；审病机，查病因，溯本穷源；调饮食，固本源，防患未然。

王壝，字铁东，明诸生。其孝行见乾隆《诸城县志》卷三十九孝义传。清朝立国后，壝隐居山林，以教育子孙为乐，享年80岁。有《详校痘疹全书》行世。

张惟翰，字九万，明代诸城西乡放鹤村（今枳沟镇普庆村）人。据其从子张侗为张惟翰撰写的传记中介绍：张惟翰性情豪纵，擅长占卜之术。晚年悬壶行医于市上，自蓄药物为乡邻治病。虽费三百金，亦无吝容。性慈孝，奉养百岁老母，如昔时之董邵南。其庭联有云："四世庠生三世贡，九旬老母七旬儿。"享年86岁。

臧达德，号公三，清代诸城县城东陆家庄村（今密州街道陆吉庄子）人。明太医院吏目臧惟几孙，臧尔昌长子。臧达德自幼刻苦读书，后因科举失意抑郁致疾。痊愈后弃儒习医，岁时出数十金制药济人，有医学著作《履霜集》行世。臧达德从弟宠光，号惠公，久患胃疾，日食参、苓等药，负债

数百金，臧达德俱售己产为其偿还药费。享年77岁，葬陆家庄西北茔。

《履霜集》以叙述诊疗经验为主。成书于清康熙二十三年（1684）。卷一强调虚劳之病根于脾肾，治当分辨阴阳，以滋肾补脾为首要。如痨证必须先分阴阳，然后才可施治，否则阴虚补阳，阳虚补阴，将会贻误人命。同时指出：人之阴，始宜以滋为主，继宜以参芪救肺，虚则补母之义。若不先用六味，壮水以镇火，而即投参芪以补阳，反使阳火愈旺，病反加重。卷二主要讨论妇人经、带、胎、产证治。认为妇人胎前产后、崩带经闭诸证，皆由经水不调变生，故应以月经如期而至为要。然调经水非专用四物，也可养脾胃，疏肝气。他指出，"血无单补之理也，若专用四物，则胃气愈虚，而血无资生之地矣"。所论寓意殊精，颇有特色。卷三论儿科痘疮之辨治及预后。认为治痘之法，以气血为主，气血盛，能逐痘毒，而火毒盛，亦能损气血，急则治其标，缓则治其本，治宜补气血，以发、透、托三法为治痘秘诀。全书阐述畅达明晰，以叙述诊疗经验为主，对临床颇有启迪和教益。现存清康熙二十三年洗心斋刻本，并见于《珍本医书集成》。

臧达德是诸城臧氏医学中较有影响的人物。生三子，其长子臧振铎，号淡园，监生，亦常以医药济人。外出应试时，携其父所著《履霜集》广为散布，以济疾苦。达德曾孙辈应鐩、应镐亦擅医，自有传。

刘绶烺，字尔重，号引岚，诸城北乡逄戈庄（今属高密市）人，后析居五莲山阴东槎河山庄（今五莲县户部乡杨家峪）。刘必显孙，刘棨三子。康熙癸巳（1713）举人，官直隶唐县知县。刘绶烺一生精于医理。在南北宦游期间，闻人间疾苦，莫不施药竭力拯救，家中藏有许多医学典籍。其子刘奎受父熏陶，亦习医学，终成一代名医，自有传。

王谦，字庐厂，又字庐大，原名王祚復，号庐岩，诸城县马家庄子村（今枳沟镇西马家庄子村）人。明万历举人王坦子，清初诸生。能诗善画、精琴理，又兼医学。悬壶市上，日得百钱以自给。

臧应詹，字枚吉，清代诸城西乡下黑龙沟村（今属龙都街道）人。生活在雍正末年至乾隆中期。幼而能文，后因其母年老多病，遂习医术。毕生勤奋好学，博览群书，医道大成。善治内科杂病，兼通外、妇、儿诸科。悬壶乡梓，晚年益精，每临症施治，凝神殚思，往往妙手回春。枚吉善用经方，独出匠心，出奇制胜。远近敬为神医，与昌邑黄元御、同邑刘奎齐名，有"南臧北黄中刘奎"之誉。

臧氏著有《伤寒论选注》四册、《类方大全》四册、《外科大成》四册、《伤寒妇幼三科》四册、《脉诀》一册。然几经沧桑，锓版多废，现仅从民间搜集到《伤寒论选注》及《类方大全》之手抄本。

从臧氏现存之《类方大全》和《伤寒论选注》二书中，可窥见臧氏学术思想。《类方大全》一书为其精选之方剂书，其间去取颇严，可见臧氏对方剂学的精深造诣及独到见解。尤能反映臧氏学术思想者，

刘绶烺

沂山
名医

王 谦

沂山
名医

臧应詹

沂山
名医

厥推《伤寒论选注》一书，此书为臧氏一生心血结晶。书中议论透辟，时出精义，对《伤寒论》的研究具有一定贡献。臧氏注此书，遍阅诸家之注，广收众家之长，融会贯通，对众多《伤寒论》注家，独心折成无己氏及《医宗金鉴》二家，认为二家之注《伤寒论》，虽不无小疵，但持论平正通达，堪为后学楷模。臧氏在书中强调学习《伤寒论》首当明辨阴阳，对阴阳辨证反复剖析，务使学者将阴阳二义辨析明确，临症不至寒热杂投，举措失当而偾事。臧氏反复告诫后学：伤寒乃寒邪为患，最易伤阳，故治伤寒应时时固护中阳，若患者中阳不至无故被戕，则施治较易。若中阳一溃，一派阴霾用事，虽卢、扁不能见功。《伤寒论选注》一书对《伤寒论》原文及后世注家注文有疑者，能不为旧说所囿，独抒己见。如对《伤寒论》第215、217、234条等条文，均能结合自己的临床经验，提出不同古人的新解。书中附有臧氏运用《伤寒论》的心得，如用桃核承气汤治安邱黄公子鼻衄一案，用变法治怪病，析理精刃，能发仲景方之奥义，真善用仲景方者。

从《伤寒论选注》一书中可以看出，臧氏治伤寒力求是非分明，不尚浮词，他对"文义深奥""附会穿凿""乱人耳目"的注疏悉皆摒除，结合个人临床，反复思维，力求与经文相合，凡书理有未贯通者，则昼夜追忆，思忖再三，绝不含糊从事、附和众说，足见臧氏治学精神之严谨。

臧应詹长子臧承曾，字景宁，廪贡生，乾隆间任莒州训导。臧应詹从孙臧箐（臧应詹胞弟臧应闾之孙，析居臧家庄）亦精医术，恒以医药济人，一时有"善人"之誉。

刘铣，字进之，清代诸城北乡逄戈庄（今属高密市）人，刘棨孙，刘组焕子。历任滦水巡检、正定府经历。后奉命到新城捕蝗，工作出色，深受父老爱戴。因母年老，辞官奉母，家居20余年。精医学，乐善好施，常自制药饵，以济病者。

窦光彝，字敦古，清代诸城西乡太古庄村（今属贾悦镇）人。诸生，窦宏祚孙，窦谦子、窦光鼎从弟。光彝少时性情迟钝，却学习刻苦。后因其父患病，遂立志习医。精研40余年，《素问》《灵枢》《金匮要略》《伤寒论》等医学典籍悉为之作注。医德高尚，常自蓄药物以周济患者。晚年又为《周易》作注，卒年83岁。有《内经素问摘注》《内经灵枢摘注》《伤寒论注解》《金匮要略注解》《灵枢摘要》等著作行世。

孙岱岳，字鲁青，清代诸城人，乾隆间岁贡生。道光《诸城县续志》隐逸传中记载："臧应詹，字枚吉，诸生；孙岱岳，字鲁青，岁贡；刘奎，字文甫，监生，俱以医名，有论著藏于家。"孙岱岳具体事迹不详。

孙豹，字文光，清代诸城人。性和易，与邻为善，淡泊无争。晚年习医，常以药物济人。

范支光，亦作芝光，字彤辉，清代诸城人，监生。精医术，施药济乡里，每年花费数十金。邻居儿子6岁时父母双亡，支光收养之。既长，为其娶妻。县内整修学宫、城隍庙、超然台，范支光悉大力参与，躬督之役。卒年85岁。

刘铣
窦光彝
孙岱岳
孙豹
范支光

王廷儒
附王讱
名沂山医

王廷儒，字聘客，号席珍，清代诸城西南关人。王廷儒少时读书敏悟，每有见解，多出人意表，为文清隽，笔姿朗朗如玉山。善书法，深有晋人王羲之之丰姿。屡试不中，乡居读书种竹为乐。生平多才艺，善岐黄术，精痘疹科，见解独辟蹊径，自成一家。临症施治，活人不可胜数。

王讱，王廷儒子，字景默，号敬亭，乡谥"靖节"先生。乾隆庚辰岁贡，任商河县训导。据嘉庆解元邱锡珑所撰《靖节先生传》中载：王讱晚年精医学，长于痘疹，活人甚众。

臧应鏐
名沂山医

臧应鏐，字同颖，号岫云，清代诸城县陆家庄村（今属密州街道）人。监生。喜欢读书，家中几百口人皆雍肃守礼。常与从弟翰林院待诏臧应镐（字觐丰，号京圃）一起制药物济人，对贫困患者常留宿家中施治，且供以三餐，直至病愈方令之去。

周汝彬
名沂山医

周汝彬，清代诸城县伏留村（今属安丘市）人。乾隆间人，性朴诚，不苟言笑。精数学，尤对《易经》有精心钻研。年30余得异人传授，疗疾病、占阴晴、卜丰歉，决疑难多有应验。汝彬为人治病，不遵脉理，只观气色，却往往诊断准确。人酬以钱财，却而不受。享73岁，无疾而终。其坟墓仍被群众呼为"周神仙坟"。

邱琯，字献西，号东谷，清代诸城县城南杨家庄子村（今属皇华镇）人。监生。邱琯在宅西筑别墅一区，日与朋友饮酒、赋诗、投壶、弈棋为乐。晚年精医术，常将贫穷患者招至家中治疗，并供以食宿。

王汝惺，字敬一，清代诸城县城北相州村人。乾隆进士王衍福（字畴五、号笠庄）孙，嘉庆进士王钟吉（字蔼人）子。王汝惺天资聪敏，7 岁能诗。道光五年（1825）乙酉科拔贡，后捐资出任湖南府、县地方官员。在湖南各地任职期间，精通医道的王汝惺常在公务之余为百姓施药治病，不收报酬，全活甚众。后因政绩卓著为皇上闻知，擢知府加道衔，赏戴花翎，并赏二品衔，后告归。王汝惺乡居期间，生活俭朴寒素，一有盈余，便购买珍贵药材施舍患者。著有《云鹤新书》一册。卒年 81 岁，嗣子一人王际昌。

尹璿，字玉玑，清代诸城县城西西邓戈庄村（今属龙都街道）人。监生。9 岁父母双亡，尹璿哀毁骨立，庐墓 3 年。后由其庶祖母吴氏抚育成人。精痘科。远近患痘幼儿，必亲往诊治，全活无算，不收酬金。诸城知县汪封渭赠以"功齐保赤"匾额。道光十五年（1835）岁饥，尹璿出粟赈乡邻，一乡无饿殍。喜排人忧难，解人纷争。注重对子孙教育，其子尹辉宗、尹耀宗俱中进士。民国间，邓戈庄尹氏尚有尹培堂、尹蕉园两位名医。

邱　琯
名医沂山

王汝惺
名医沂山

尹　璿
名医沂山

柳宜

柳宜，清代诸城人。以孝闻。素精医术，常出药饵济贫病。又捐沃田40亩为同族人整修祠堂。道光十五年（1835），诸城知县汪封渭赠以"敦崇孝义"匾额。卒年69岁。

张弑

张弑，又名张师黉，字日书，号竹仙，清代诸城县西乡普庆村（今属枳沟镇）人。道光二十三年（1843）癸卯科举人，性至孝，每遇父母忌日辄泣下。工制艺及诗古文词，尤癖山水。官峄县教谕，训诸生有方。岁饥，常典衣助赈。晚精医术，活人甚众，卒年77岁。

袁乐莘

袁乐莘，清代诸城人。轻财好义，性孝友，精通医术，活人甚众。道光二十五年（1845）公举善士。

汤世德

汤世德，字心畬，清代安徽繁昌人。由附监生议叙从九品，咸丰五年（1855）任诸城县典史。汤世德善医术，在诸城任职期间，经常亲自为诸城父老诊断疾病、施舍药饵，不受馈遗。其人博学多才，喜欢读弓，尤娴兵书战策。工绘事，尤擅花卉鸟虫，饶得生趣。后卒于青州。

刘锦江

刘锦江，字春帆，清代山东聊城人。道光二十四年（1544）甲辰科举人。咸丰九年（1859）任诸城县教谕，工书法，精通医道。在诸城任职6年，日求书问病者络绎不绝，其门如市。喜奖掖后进，成就人才甚众。

丁舆衡，清代诸城人。从九职衔。8岁时母亲去世，事父与继母皆至孝。精医术，广施药材济人。乡里俱称其德，卒年68岁。

臧敷伟，字又安，清代诸城县孟家店子村（今石桥子镇大店村）人。嘉庆庚午科举人臧翰次子，从九品衔。臧敷伟端正有器识，咸丰十一年（1861）春，协助诸城知县崔澜在浯水之滨阻击捻军，屡立战功。这年8月，捻军大至，臧敷伟家资丰饶，出柴米周济饱受战乱之苦乡邻。晚年精医术，常以药饵活人无算。光绪丙子（1876）岁饥，臧敷伟多方筹集财物赈济灾民，未尝有矜色。

王文枢，清代诸城人。庠生，相州王氏。性坦白好施。族嫂孀居，贫而无子，文枢割田为其立嗣。殷姓家贫，甚至于卖妻，文枢出资为赎，殷姓一家得以完聚。咸丰十一年（1861）捻军大至，文枢率众组织团练，修筑城堡以御之，邻近十余村不受战火侵扰。晚年精通医道，活人甚众。

王叔重，清代诸城人。年十三补诸生，科考屡失意，遂习医，常施药饵济人。性慈善，遇乡人捕雀者，辄买之放生。卒年96岁。

李方荣，清代诸城人。监生，年六十无子，纳一妾，知其为良家女，遂遣之回家与家人团聚。精医术，施药饵济人，常与人排解纠纷，举乡饮大宾。卒年72岁。

丁舆衡

臧敷伟

王文枢

王叔重

李方荣

刘泽东

刘泽东，清代诸城人。监生。性恢豁负气节，交游多豪侠士。咸丰十一年（1861）秋，捻军过境，刘泽东率乡邻数百人在石河头村南大道抵御捻军，使邻近数十村免遭战祸。刘泽东在乡间教学，为人师表，认真严肃。精岐黄术，无论患者家境贫富，无论患者住所远近，有求必应，一乡称为"善士"。

苑桂林

苑桂林，清代诸城人。诸生。乐善好施，经常捐资资助贫乏。素善医，经常为乡邻施药疗疾，有求必应，卒年69岁。子苑莲池，郡庠生。

郭元宰

郭元宰，清代诸城人。监生。少年丧父，事母以孝名扬乡里。精医术，不介意患者贫富，酬资多寡。卒年80岁，乡谥"孝定"先生。

殷 桂

殷桂，清代诸城人。通医术，对贫穷不能就医者，常施以药饵。为人慷慨仁慈，时值灾年，有许多人久欠殷桂钱财不能偿还，殷桂悉招其人，将借据烧掉，不再索偿。后来家道衰落，以至于数日不举火做饭。卒年87岁，无疾而终。

郭怀西

郭怀西，清代诸城人。监生。以其父体弱多病，弃儒习医。素笃于孝，每侍父汤药，衣不解带。捐地整修村中观音堂与关帝庙，并为绝嗣者修整坟茔，岁时祭奠。享年79岁。

王宏基

王宏基，清代诸城人。监生。性孝友，轻财好施。岁逢荒年，出粟周济贫乏。尤精医术，对贫病无力者常施以药饵。邑人刘喜海偕诸名宿为立绰楔、制锦称觞焉，享年 82 岁。

王铭思，字敬斋，清代诸城人。附生，举乡饮大宾。咸丰十一年（1861）与胞侄王幹林竭尽心力抵御捻军入境，使全村不受侵扰。精通医术，尤擅长幼科。经常自己携带药饵，挨户巡诊，活人甚众。寿至 85 岁。

范濂，清代诸城人。有至性，事母孝。精医术，因母年老不忍远出，六十余犹嬉戏膝下有如儿时。后因其母去世，哀毁成疾，逾年病故。

黄存基，清代咸丰年间诸城人。善医术，尝雪中救活一乞丐。咸丰辛酉（1861）被贼俘虏，将杀之，有伪将趋救，得不死，视之，丐也。贼酋疾，存基医之，愈，酋喜，予以二女子，不受。强闭诸室，存基挑灯端坐，二女子皆号泣，存基曰："同被难，勿惧。"问女姓名，请于酋释之归。后存基逃至安丘，土人以为贼，缚之，存基仰天呼名而叹息。忽一人至，解其缚，邀至家，询之，则所救女子之父也。

王维金，清代诸城人。性仁恕，收养乞食子女，及长，令其父兄携去。晚年精医术，乞药饵者络绎不绝，门庭如市。贫者不索酬金，直至治愈方去。

孙彤恩，清代诸城人。监生。善医术，为人疗疾不受酬谢，有必欲馈者则怒曰："吾行吾志耳，岂望报哉。"

王铭思

范　濂

黄存基

王维金

孙彤恩

郑云坊

郑云坊，字立州，清代诸城人。性谦让，与乡邻无争。善医术，尤精外科，常以药济人，卒年89岁。

王湘

王湘，字兰皋，清代诸城人。穷经不试，晚年精医术，善词曲，卒年80岁。有《学庸讲义》《周易浅说》等著作行世。

邱林碧

邱林碧，字玉清，号樗园，清代诸城城南杨家庄子村（今属皇华镇）人。天性笃厚，其胞兄邱林登早卒，邱林登子邱在元年仅7岁。邱林碧视邱在元如己子，延名师教之。后邱在元于光绪十九年（1893）癸巳恩科考中举人。邱林碧精通医学，尤擅眼科，岁常制药饵济人。晚年居住别墅樗园中与二三知己以饮酒弈棋、植花种草为乐。享年78岁。著有《樗园诗选》一册。

王宗淮

王宗淮，字云帆，清代诸城人。诸生，少有奇才，九应乡试，履荐不售。家甚贫穷，虽饔飧不继而吟咏不辍。晚年善医，求诊疾者不论远近，有求必应，乡人称之。

范迈

范迈，字云坡，清代诸城人。布政司经历衔。性情旷达，城东铁水村旧有铁园，为前代隐逸所居，范迈遂移家于此。日吟啸于林泉间，怡然自得。善书法，深得赵孟頫遗意。尤精医术，专为贫病者疗疾，富贵者求诊则弗顾也。享年84岁，无疾而终。

邱衍璜，字岱云，清代诸城县城北十里铺（今属密州街道）人。聪颖多才，清末最后一榜秀才，济南法政学堂高材生。毕业后分配到政法部门工作。及见清末政治腐败，遂挂冠归里。日苦读经书，研习医学典籍，闲以琴棋书画自娱。后迁居城里。20世纪30年代曾在一次全省中医考试中名列前茅。晚年隐居九仙山阴邱家店子（今属五莲县），开设药铺，为群众治病祛疾。对贫穷患者往往不收酬金，又有财物、药饵相赠，直至痊愈为止。

刘炎昌（1870—1933），又名燕昌，字景文，号师农，诸城逄戈庄村（今属高密市）人。刘墉后人。刘炎昌生于清朝末年，见国事日非，中年绝意进取，致力岐黄。倡导"大医精诚"，一生致力于岐黄，焚膏夜读，终生不懈，崇尚医德，悬壶济世。行医于诸城、胶州、高密一带，敬业终生，活人无算。喜吟咏，结社作诗，有《伴松居诗草》行世。其妻冯氏，生五子，长子少文，三子稚文，五子季三，另两子早殇。季三从医。其孙镜如、镜愉均为当代著名医生。

张本正，字彭彰，诸城城西薛家庄村（今属枳沟镇）人。"张氏三黄"之中黄公张景初六世孙，张毓济四子，行七，乡人以"七先生"称之。本正幼承家学，饱读诗书，尤其对医学典籍涉猎广泛，谙熟于胸。医术精湛，对肺痨、泄泻、跌打损伤、妇女难产、疯疾等各种疑难杂症都有独特诊疗方法，往往妙手回春。又擅用银针疗疾，其效如神。诸城西乡乃至日照、莒县、沂水等地的患者纷纷慕名前

邱衍璜

刘炎昌

张本正

来求医。本正博学嗜古，喜收藏，精鉴赏，所集古器古籍盈床满架。又好植花弄草，医余优游花间，自得其乐，终年七十有余。

王鸣珂

王鸣珂，字佩轩，行七，诸城相州村福星堂王杜芳次子，诸城辛亥烈士王鸣韶（字契轩，行五）胞弟，诸城县早期共产党员、著名革命活动家王鸣球（字翔千、行六）堂弟。相州"积德堂"药铺坐堂医生。据其子姜贵（原名王意坚，笔名姜贵，著名作家，居台湾）在《我的家世和童年》一文中说："父亲把分到的田产，不几年就卖光，却在街上开客栈和药铺。自己又行医，业务颇为发达。"范宝聚在《相州积德堂中草药铺》一文中说："坐堂诊医为王佩轩，是王翔千本家堂弟，排行第七，人称佩轩七爷。日常着斜襟大褂，一支二尺多长旱烟袋不脱手。号脉时，双目微闭，聚精凝神，细询病情。后而握毫处方，楷体遒劲。显示其学问医术精湛，一丝不苟。"王鸣珂堂弟王鸣刚（字振千，行八，当代著名作家王愿坚父）。

朱子明

朱子明（1889—1962），诸城西大宋村（今属昌城镇）人。8岁上私塾，22岁开始当私塾先生，先后在相州、寨里、芝灵、双塘一带教书，是位很有学问、很有名望的私塾先生。后来因为家人生病，家贫请不来医生，遂发奋自学中医。通过亲戚借来逢戈庄刘氏家族所藏医学书籍，边抄边学，把借到的书籍全部抄了一遍。学成有名之后，辞去私塾先生职务，专门行医，到朱立武开的"裕和祥"药铺当坐堂先生。他为贫苦人家治病，从不计较利钱。许多人无钱买药，他就用自己的工钱垫付药费。1940年，回到西大宋村开药铺。中华人民共和国成立后，他积极参加公共卫生事业，成了国家在编职工。他积极响应国家号召，带徒弟多人，其中有寨里的王著铎、孙村的徐尔同等。1954年，作为诸城县中医药代表出席了胶州专区中医药代表大会，向国家献出了自己积累多年的中医药良方。

王君笺

王君笺（约生于1898年前后—？），一写作王君践，祖居诸城城里所院，堂号"肯构堂"，后来搬迁到城西英村（今属龙都街道）定居。王君笺家资丰饶，为人风雅倜傥，嗜读医书。其人享高寿，医术晚臻化境，饮誉诸邑。1950年被昌潍行署定为知名中医。枳沟医院医师。1965年被昌潍专署卫生局公布为名老中医，是中华人民共和国成立后诸城中医界的骨干。

李凤臣

李凤臣，名恩阶，字凤臣，诸城北老屯村（今属枳沟镇）人。李凤臣早年在枳沟街药铺做学徒，因刻苦勤奋，终成一代名医，对治疗精神疾病方面有着独到建树。李凤臣一生行医在诸城西乡以及瓦店、林家村、城里，都享有较高声誉。

李子敬

李子敬（1902—1968），诸城城关人，一生行医，善针灸术，远近数百里，颇享盛名。1950年被昌潍行署定为知名中医。曾任昌潍地区中医学会理事。

刘季三

—— 沂山名医 ——

刘季三（1906—1975），名篆，字季三，号松荫，诸城县人，刘奎六世侄孙，世代业医。他继承父业，医术显于齐鲁达50年。1934年定居青岛，悬壶济人，著述讲学，广植后进。40年代，主编《医药针规》医刊。在学术上崇尚《伤寒论》，临诊力主辨证施治，对各家学说均有精深研究。中华人民共和国成立后历任青岛市中医院院长、青岛市中医学校校长、青岛市科协副主席、青岛市中医学会理事长、山东省中医学会副理事长等职。曾被选为青岛市人大代表、政协委员，山东省政协常委，中华医学会第十届大会主席团成员。

刘季三用经过多年临床验证疗效可靠的经典方剂，制成黄连膏、湿疹膏、太乙膏、金黄散、肝脾双理丸等中成药制剂，广受欢迎。1955年夏秋之交，朝鲜代表团来青岛访问，一成员患湿瘟，多方救治无效，生命垂危。刘季三用清瘟败毒汤冲服黄安宫丸1粒，使其生还。他倡导以医德济世，见病危患者从不退却，急患者所急，紧急施救。他认为，伪医不可为，良医尤难为也。风骨太峻，则近于傲；同流合污，则近于谄。见富贵而谄谀者，固为鄙夫；而视富贵若浼己者，尤属好名。疾病当前，无论贫富贵贱，要当详察病之轻重，而为治之。

其子镜如亦从医。

祝子饴

—— 沂山名医 ——

祝子饴（1914—1965），诸城城关人，少年聪慧，始治举业，后习岐黄，以治内、妇科见长，名闻诸城、安丘、高密、胶县，在群众中颇负盛名。1950年被昌潍行署定为"知名中医"。

沂山

安丘市

王所谘

王所谘，字梦求，明代安丘县人。好学善属文，尤笃行谊，严一介取。天启七年（1627）举人，崇祯甲戌（1634）成进士，终身不仕。精于医，传《痘疹心法》与韩泳，泳自有传。

窦仁宇

窦仁宇，明末清初安丘人，精医术，疗治多奇验，居邑西乡而携其小妻悬壶于城。岁终，归见其妻，骇曰："此行尸也，不急治将无救。"妻恚曰："自利吾死，谁希汝救者！"宇默然叹曰："数也，不可逃。"潜市棺木殓具甚备。次日其子入城省宇，持所市红烛、彩画等物。宇曰："汝母无恙耶，乌须此？"急与驰归，则死已逾刻矣，其神异如此。张贞《渠亠耳梦录》载其人其事甚悉，云："窦翁仁宇，二长桑之术，活人不可量数。予十许岁时，翁年已开九秩。吾母婴寒疾，几危，亟延翁至，饵以药，即日疾平。"又云："诸生韩朋桓招翁视其妾梁氏劳疾，甫及庭，闻嗽声即却走，曰：'肺气已绝，尚复何言。'数日果卒。或谓君之技精乃尔，得毋出青囊秘授耶？翁曰：'吾何尝有异闻。唯于龚云林先生之书刻意决发，既得统绪，又能以意参互用之，故粗无谬误也。'死后，子孙屏当遗箧，果仅医鉴数册而已。"

韩泳

韩泳，字文潜，明末清初安丘人。应奎从孙，生员。长身伟干，倜傥不群。明崇祯末，所在盗起。王瞳贼魁陈丙将悉锐攻安丘，泳从数骑直抵其巢，为陈顺逆祸福，辞气慷慨，丙悚听愧服，即日罢兵。少从邑人王所谘游。王故精于医，泳从受《痘疹心法》，得其三昧，人皆以"医圣"目之。凡有求者无不立应，尝曰："吾志存济世，此虽小道，亦足利人也。"卒年八十余，潍县韩梦周表其墓。著有《西斋杂咏》《西游小草》，藏于家。

马夔龙，字同寅，清代安丘县人。顺治乙酉（1645）恩贡，授开封府通判，以廉勤著。摄篆封邱、祥符二县，俱称清惠。时中州初定，部民子女为土寇所夺者争赴诉焉，公悉断还，百姓德之。寻调汉中，解组告归，囊箧萧然，犹寒素也。天性忠厚，乐于劝人为善，不扬人恶。晚工医，得一秘方，辄手录传示，或施药饵。寿至大耋，邑中推为长者。

刘磐，字介夫，清代安丘县人。善儿科，尤精痘疹，一生救治小儿甚多。著有《疹症辑要》一卷（已失传）。生前曾尽其力教授弟子马兴隆（贾戈村人），隆又将其术授于弟子贺克敏（贾戈村人）、张咸熙（大沙埠村人），张善痘前，贺善痘后，三人皆以痧疹有名于时。

张德铣（1779—1835），字仪庭，号石农，清代安丘县人。重舆孙。少颖悟，读书过目不忘。弱冠以县试第一人补博士弟子，旋饩于庠。嘉庆八年（1803）岁贡。

德铣丰姿秀出，蕴藉风流。为制举业，兼攻诗、古文、辞、书法，日有课程。篆印、绘画，随意为之，识者罔不绝倒。其兄德铭久以文事显人，故称"二张"。家鼎盛时，不骄不矜。后贫不自给，亦怡然无忧虞色，从不以乞怜向人。人周之，合义则受，否则却。尝有携厚资求图章者，笑曰："室悬磬矣，然不可以货取也。"终不应。最重祀事，筵馔丰洁，典衣以供，不少懈。自贡成均，司临邑、郓城、禹城、宁海、宁阳教铎，尤精明岐黄术，病家至门，虽昏暮必往，往即应手奏效，活人无算。无何，以风病卒，年五十七。著有《半山园文集》《半山岐黄术》。

王木宗

王木宗，字楷庵，清代安丘县人，岁贡生。一生刚直无私曲，人有过面斥之。遇富贵之不自检者，益侃侃尽言无隐。少食贫，谋舌耕，而学问深邃有品望，读书家争延致之，然非正人之门则谢绝不应。后以双亲高年侍侧不远出，四方来学者日众，书室不能容，乃于南园开辟深柳堂居之。两弟早逝，抚其孤，分田宅与之。尤精岐黄术，有抱疾求医者，应手辄效。晚年馆张氏之书味楼，与张仲修、李守兄弟称莫逆交，10年始归，自是不设帐。课子教孙，间合诸老年为鸡豚宴，读书谈古，以训子弟，端风化为事，乡里化之，左右数十里从无好争尚气、不循礼法者，真老成典型也。卒年七十七。

张鹤翮

张鹤翮，字翼贤，清代安丘县人。其父柏恒。生员，学行纯笃，恪守家法，素精医理，辄奏奇效。

李映溪

李映溪，字虎桥，清代安丘县人。廪贡生。性颖悟，博涉书史。教授生徒，雅善启发。咸丰辛酉秋捻匪至，映溪与族人询言率众筑昌安堡，守御严密，赖以全者数千家。晚精医理，应手辄效，活人无算，乡望归之。

贺克敏（1797—1875），字农村，号淑庵，安丘东南村（今属贾戈街道）人。贺氏与张咸熙同时就学于马兴隆。精于痘疹，对痘疹针法尤有卓识，别具一格。著有《痘疹新书》二卷，上卷论述成因及证治，下卷述兼证和善后处理。全书证方兼备，条分缕析，于针刺一法之阐述尤为精到。《痘疹新书·卷二·针法》中说："治痘方药，备见各书，唯有针刺，尚无良模，若或横穿斜刺，幼儿何堪宰辱。近来识得手法，要有轻重疾徐，深勿伤肌坏里，浅非在表在膜，得心应手方妙。"此书未见刊行于世，贺氏后裔传抄保存。

贺克敏　沂山名医

刘用康，字锡侯，清代安丘县人，刘际平曾孙。道光二年（1822）恩贡，候选训导。为人慷慨，喜读《周易》，善修行。凡乡里与民有益之事，他皆积极倡导，甚为乡人所尊敬。公冶长书院道光二十九年（1849）"重修书院山青云寺记"碑文为其所撰，今存。

刘用康精医术，擅妇科，所用方剂，变化多端，时人多不解，而应手奏效。著有《医镜》《临证便览》《妇科辑要》各一卷，已佚。

刘用康　沂山名医

陈圣经，字书六，号贤傅，清代安丘县人。精于岐黄。少习儒业，入太学不得志，遂攻岐黄，以寓济世利物之心。殚精博览《素问》诸书，无所不读。尤精痘科、眼科，外科针法得心应手，独具神妙。目中恶痘从来针法未及，以积久有得，著为论。晚岁著书补其说，于姚氏十二针法之后，又列生平所经异症若干条，著有《痘科针法论》一卷。纂辑

陈圣经　沂山名医

《痘疹心要》四卷，眼科一卷合为一书，又外科一卷为一书，方诊六微各有发明，其书俱在，藏之以俟知者论定焉。

王瑞麒

王瑞麒，字石生，清代安丘县人。王简孙。咸丰九年（1859）附贡生，授予工部营缮司主事。濡染家学，工诗词，善书法。尤精岐黄之术，活人无算，撰有《医海蠡测》一卷。

张咸煦

张咸煦（1800—1875），安丘市大沙埠村（今属贾戈街道）人，以善治痧症、妇科而闻名，活动于安丘、昌乐、昌邑、高密等县，著有《张氏痘疹》，已佚。

曹会

曹会，字东麓，清代安丘县人。生员。秉性严毅，读书自刻苦，以躬行实践为归。幼学得族人汗青力，汗青殁，孙孤失学，乃裹粮往教三年，然后去。族侄振械殉捻匪难，遗孤贫不能娶，以婢妻之。其母舅邹希孟贫无子，出资娶妇，其后两家嗣续皆因此得延。咸丰辛酉（1861）避乱，为贼所逼，其妻李氏以一死脱会于难，会感其义，终身不复娶。平生俭朴，宾客过从仿率真，会遗意以二簋为度，其或设馔相邀，二簋外亦不下箸也。晚岁精岐黄术，求无不应，或致谢忱，必坚却之。著有《东麓见闻》二卷。

李仁义，清代安丘县赵戈（今属坊子区）人。李仁义行医兼营药铺"松德堂"。善治瘟病，医术远近闻名。他死后其子李连溪继承，连溪死后，又有其子李树林继承，三代不衰，直至中华人民共和国成立后加入联合诊所为止。

于麟阁，字子霍，安丘市于家沟村（今属郚山镇）人。生活于清代光绪前后，终年77岁。于氏少年习儒，积学工文，光绪乙亥（1875）恩贡，候补孝义教谕。后因多次应考不中，而改习医学，经年累月，苦究医籍，其技甚精，书方遗药，每有考效，一时名远扬安丘、沂水、临朐等县，求治者不绝于途。

于氏在学术上崇《伤寒论》《金匮要略》《黄氏八种》之治法，医术较为全面，尤善内科、针灸。其弟子有本乡鲁家哨之鲁丁臣、曹家峪之乔寿臣、北张家庄子张桂方、冷家山之王夕印、景芝南院之赵二琪，皆有名于时。民国《续安丘新志》方技篇于氏传只言及其弃帖括后，肆力于诗，著《蛰吟集》（已佚），未言及改学岐黄术之事。生前曾撰有医案、医话数本。

吕孝端（1869—1939），字子芳，安丘赵戈沟头村（今属坊子区）人。吕氏出身于中医世家，祖父吕全浩、父亲吕清韶皆擅外科，名重乡里。他禀性聪慧，幼承庭训，兼入私塾，攻读经史学集，稍长则随祖父学医。将几世外科之诊治经验，与历代外科著述融会贯通，学业大进，医术超其先人。治疗多宗《医宗金鉴·外科心法要诀》及《外科正宗》。

李仁义

于麟阁

吕孝端
附吕慎修、吕秉衡

每遇疮疡痈疽，辨证精确，组方严谨，内外合治，每取良效，闻名于安丘、昌邑、诸诚一带。1933年，本县县长王某妻患乳疾，诸治无效，复延治于吕氏，服药5剂，其疾遂愈。

吕氏性情刚直不阿，好为人排忧解难。1938年，当地土匪去该村敲诈，他见义勇为，据理予以痛斥，得罪土匪，后被绑架，受到精神创伤，于次年病故，终年70岁。吕氏一生治人甚多，诊务繁冗，而其丰富的临床经验，未得总结整理，殊为痛惜。

吕孝端之子吕慎修，字敬一，幼时入私塾，稍长则开始教学，后随父习医。中华人民共和国成立后即在赵戈从医，直至退休。他特别好学，1953年在县中医班学习时，每次考试都名列前茅。他在继承先人外科医术成就的同时，又在一些难治病症上下功夫，取得显著效果。他对痈疽疮疡治疗起来得心应手，并对脉管炎等难治之病的治疗，也有所突破，附近县市的脉管炎患者，经他治愈者很多。他自制的膏丹丸散和生肌玉红膏等效果特佳，在红升丹、白降丹的掌握操作上运用自如。对吕氏中医世家，他起着承上启下的作用。

吕慎修之子吕秉衡亦习医，为人忠厚和善，医术精湛全面。1991年，石龙官庄学校一小学生，和同学们玩时，颈部被一同学打了一下，自此胸部以下失去知觉，确诊为急性脊髓炎，在数个知名医院治疗多日毫无效果，吕秉衡用中药配合针灸治愈。1995年张家坡庄一女青年喝了农药，在石堆医院抢救过来，出院8天后，四肢麻痹不会动弹，去城市知名医院诊断为有机磷神经损害，在多个知名医院治疗，非但没有好转，且病情急剧恶化，四肢肌肉萎缩。后经吕秉衡用中药补阳还五汤和五虫散，配合头针与体针，坚持治疗半年，该女痊愈。其对脑中风后遗症等疑难病症，治愈者也颇多。

吕秉衡之子吕寿平，1991年莱阳中医药学校毕业后亦从医，为吕氏中医世家第六代传人。

曹绪武，字绳祖，号裕斋，清代安丘县人。善治痘疹，疗治多奇验，能望色决人生死，著有《曹氏瘀疹论》一卷行于世。此书对麻疹病因病机论述详尽，在治疗、方药、护理、禁忌方面分别列出，条目清晰，有一定实用价值。此书立法遗药甚为精湛，凡治疗者多依此书。民国时期在本县及临近几县广为传抄，为民间医生所推崇。

张云景，安丘沟头村人，晚清秀才，著有《伤寒见解》，其书已佚。

逄玉麟（1880—1966），字阁臣，安丘逄家庄（今属景芝镇）人。其父凤翥，字海峰，邑庠生，擅中医妇科，著有《行医杂记》。玉麟幼承庭训，从父习医，一生悬壶于安丘县东南部，精于经典，崇尚实践，擅长中医外科和眼科，深为群众推崇。其手抄医案尚存世。

张仲山（1887—1963），字岳五，安丘儒林村（今属凌河街道）人。仲山少年即酷爱医学。辍学后先以教学为业，教学之余，精心研读中医典籍，潜悟有年，颇有心得。初期只有亲友诊治，后期求治者众多，乃于30岁时弃教从医。1953年就职于县卫

曹绪武
——名医 沂山——

张云景
——名医 沂山——

逄玉麟
——名医 沂山——

张仲山
——名医 沂山——

生院中医门诊部，1963 年病故。

张氏治学态度十分严谨，对历代医著多有钻研。其医术较全面，尤精脉理，每逢疑难危重之症，他探其病源，待辨证明确后，方才用药，从不草率从事，多有奇效。1924 年，昌乐县长于某患疫痢月余，经多医治不愈，后求治于他。他改补气和血为通腑导滞，患者服药 5 剂而愈。于某大喜，为表谢意，赠以《皇汉医学》《鰕溪医论选》等医书及名人字画多幅。次年，济南一带天花流行，小儿死亡甚多。时安丘籍人王某在育英中学任教，闻仲山医术高超，延请他前去救治。他根据当时气候和疾病流行特点，进行精心施治，全校染病者无一例死亡。于是声名大噪，远近有危疾者多敬请之。

中华人民共和国成立后，他在县人民医院工作期间，与其他老中医密切合作，应用中医中药治疗流行性乙型脑炎、肝硬化腹水、不孕症、聋哑等病取得显著疗效，省外求医者络绎不绝。

晚年，他虽体弱多病，但仍坚持诊务，并毫不保留地把自己的学术经验传授给年轻一代，先后带徒十余人。同时，他还利用工作之余整理疑难病例一百余例留于世。赋性恬淡，他严谨的治学态度和丰富的医疗经验，甚为时人赞赏。

周松清

周松清（1900—1973），字静斋，安丘逄王村（今属坊子区黄旗堡街道）人。松清幼年从学，中学毕业后以教学为生。他从小生长在农村，深知广大农民缺医少药之苦，便立志习医济人。在高密任教期间，利用教学之暇，究心苦读中医经典，虚心向有经验的老中医请教。1947 年，辞教回家，专以医为业。在本村行医期间，不管穷人、富人一律同等对待。其药品不仅价格低廉，而且对无钱购药者照样付药，无力偿还者，则一笔勾销。他精医理，善讲习，好急贫民之苦，在乡中威信甚高。

1952年，政府号召个体医生组织起来，他首先响应，在本区成立联合诊所4处。第二区没有西医他便主动从本区动员两名西医、1名助产士去二区工作，并从本人所在诊所预借资金180元，帮助该区成立联合诊所。他积极从事社会医事活动，先后当选为本县一至六届人民代表大会代表，第三届人大常委会副主任。1956年当选为山东省政协委员。同时还担任了本区卫生工作者协会主任、县卫生工作者协会副主任等职。1959年，他参加山东省中医进修班学习，成绩优异，被留于山东医学院任教。1972年因病退休，回归乡里。

周氏一生为人谦恭，办事公道，医德高尚，诊病细心，态度和蔼，深受广大群众爱戴。在山东医学院任教期间，更是兢兢业业，潜心于人才培养，多次被评为先进工作者。

周氏治学严谨，一丝不苟，从《黄帝内经》到清代名家之医著无不悉心研读。对张仲景之《伤寒论》和《金匮要略》诵记尤熟。中华人民共和国成立后，他主要从事中医教学工作，先后在本县中医进修班、山东医学院讲授《伤寒论》《金匮要略》《中医基础》《中药学》。授课语言简练、清楚，阐述学理透彻，富逻辑性、系统性、科学性，颇受广大师生好评。在临床方面，较擅长内科，尤善仲景之治法，用药精练，组方严谨，取效甚速，可谓学验俱丰。

钟岳琦

钟岳琦（1900—1981），字景翰，安丘朱子村（今属峡山区王家庄街道）人。钟氏早年就读于益都实业学校，毕业后，以教学为生。其间，自修中医，尤爱针灸。1936年，他考入无锡中国针灸学校，受针灸学家承澹安之教诲，结业后，边教学，边行医。他为人谦恭，针术精湛，求诊者络绎不绝。1946年，在青岛云南路开办"益寿药房"，专以医疗为职业。次年，为振兴我国针灸事业，他自筹经费，举办了推拿针灸学习班两期，培训学员100余人。1954年，加入联合诊所。1956年去山东省中医研究班学习，结业后调到山东中医进修班任教。1960年，又调到山东中医学院任针灸学教师，并担任其附属医院针灸科主任。1980年晋升为针灸学副主任医师。1981年因患中风去世，享年81岁。

钟岳琦从事中医事业40余年，尤擅长针灸。他学识渊博，经验丰富，在中医界享有较高声誉。其一生除从事临床外，主要精力用于培养针灸人才和编著针灸书籍。在山东中医学院任教期间，他工作兢兢业业，与其他教师一道，不断改进教学方法，深得师生之爱戴。他主编和参与编写了《简易针灸学》《灵枢经校释》《儿科推拿疗法简编》《通俗针灸手册》《针灸经穴挂图》《针灸甲乙经校释》等著作。其中《简易针灸学》一书自1958年出版以来，行销国内外，印刷多次，为针灸学事业做出了贡献。

钟氏虚怀若谷，喜团结同志，善以能者为师。在医疗中，他急患者所急，痛患者所痛，不管患者是贫是富，社会地位是高是低，皆一视同仁，深得时人赞赏。

麻瑞亭（1903—1997），安丘人，陕西省著名老中医，中医内科专家，清代名医黄元御第五代传人。

麻瑞亭

麻瑞亭 15 岁时，染病危笃，幸得其舅祖（清代名医黄元御第四代传人）李鼎臣全力救治，化险为夷。遂毅然拜李鼎臣为师，习医 8 年。1931 年，麻瑞亭随父迁居西安。乃悬壶于西安市东新街，不久就以善治麻疹、斑疹、伤寒、猩红热、霍乱等热性病著称，在群众中获得信誉。1937 年参加陕西省中医师考试，名冠榜首。1955 年报名应选到西安市中医医院工作。1968 年至 1978 年，他当选为西安市人大代表，1978 年后又当选为陕西省第五届、第六届人大代表。曾任陕西省中医学会名誉理事、西安市中医学会名誉会长等。

麻瑞亭继黄氏学术秘髓，承李鼎臣家传精华，又广收博采，取各家所长，历年悉心钻研，在理论和技术上奠定坚实基础，在长期临床工作中积累实践经验，逐渐形成了自己的独有风格。在治疗再生障碍性贫血、血小板减少性紫癜、急慢性肾炎、急性尿毒症、急慢性肝炎、胆囊炎、胆石症、消化性疾患以及不孕不育症等方面有独到的经验及显著的疗效。著有《医林五十年》《麻瑞亭医案医话》《麻瑞亭治验集》等。1983—1987 年，完成国家卫生部下达的中医古籍整理研究任务，领衔点校《黄元御医书十一种》，由人民卫生出版社于 1990 年出版发行。1991—1992 年，为来自全国 22 个省、市基层和农村的 121 名学员传秘讲学，通过拜师会仪式收为门徒，堪称桃李满天下。国医大师杨震即为其弟子。

张瑞丰

张瑞丰（1908—1999），名延年，字瑞丰，以字行，安丘后金堆村（今属金冢子镇）人。张氏出身于中医世家，12岁随祖父学文习医，19岁出师。先后在凌河、石堆、安丘同太、吉林省汪清县等地当坐堂先生。1954年加入安丘南关联合诊所。1956年参加山东省中医研究班学习，结业后留院任教，兼任山东省中医学院附属医院外科主任医师。1964年调回安丘县人民医院任中医科主任。1980年晋升为中医外科主任医师，1986年5月任安丘中医院名誉院长。

张瑞丰精通内、妇、儿科，尤其擅长外科，临床经验丰富，对血栓性脉管炎、骨结核、化脓性骨髓炎、颈淋巴结核等慢性疑难病症，造诣尤深，常能达到得心应手的境地，求治者踵趾相接。他炼制的"红升丹""白降丹"有独到功效。他悉心研究对骨瘤的治疗，药用青龙丸温经散寒，祛痰化结佐以补脾健胃之法，效果显著。张氏对内科、儿科亦有丰富的治疗经验，如早年他应用自制的麻积膏治疗小儿麻积症，疗效显著，至今在乡里仍有盛名。应用活血化瘀法治疗精神病，疗效亦甚独达。

张氏学术思想受《医宗金鉴》和《外科大成》影响较深。他辨证精确，胆识过人，所用方剂药量极重，且擅攻补兼施，在治疗外科病症时尤为突出。张氏认为临证如临阵，用药如用兵，一旦辨证明确，必须标本兼顾，抓住疾病主要矛盾，加大主药用量，一鼓作气，方能奏效。如早年他在山东省中医院工作期间，曾治一肺痈患者，体温达40℃，经用中、西药治疗10余天，病情不减，后求治于他。他根据脉症所见，证属风热之毒熏蒸于肺，热壅血瘀。

故投以《石室秘录》之全肺汤：双花、元参加至 60 克，黄芩 15 克，以清肺经之热毒，佐以寸冬、花粉各 10 克，以养阴生津，白芍敛肺气，甘草调诸药，全方量大力专，服药 3 剂体温正常，余症亦大减，10 剂而愈。此类情况在张老的诊疗中屡见不鲜。他对自己的临床经验进行了认真总结，撰写了《外科秘录》13 卷，40 余万字。另外，还先后整理了《血栓性脉管炎的辨证施治》《银屑病的治疗经验》《中药治疗骨瘤探讨》等 15 篇论文，先后在省、地、县中医学术会议上进行了交流。其中有 12 篇选登在《山东省中医学术资料汇编》和昌潍地区出版的《农村医刊》上。

张氏生活俭朴，平易近人，不慕名利，对工作勤勤恳恳，门诊量日达七八十人次。为中共党员，曾当选山东省人大代表、安丘市政协副主席，先后两次被评为全国卫生系统先进工作者、山东省劳动模范。

张氏医学传承谱系：张梦德→张典文→张瑞丰→张玉兰→孙魁（玉兰子），至今已传五代。

都光川（1909—1993），安丘奎泉人。都氏一族先后五代行医，兼营药铺"福元堂"，以痘疹闻名乡里，自清代道光年间至中华人民共和国成立后加入联合诊所为止，达百年之久。都光川于 1947 年 5 月参加革命工作，革命战争年代浴血奋战不怕牺牲，社会主义建设时期廉洁勤政一心为公，赢得干部群众广泛赞誉。曾任安丘县人民医院奎泉分院医生。

1957 年《山东省中医验方汇编》（第 1 辑）载其"治膀胱结石方（砂淋）"处方。

都光川

赵端溪

赵端溪（1913—1997），安丘景芝镇人。1931年从师于地方名医李素庵，1934年师满后在本乡行医。1951年任职于景芝联合诊所。1954年调至安丘县中医门诊部。1956年回景芝医院成立中药部。1961年调至安丘县人民医院任中医科主任；1971年任门诊部主任；1982—1988年任中医主治医师；1988年任中医科副主任医师。1975年12月退休后，留医院继续工作。

赵端溪擅长中医内科、妇科，尤以妇科著称。对肝胆病、泌尿系统结石、失眠等均有独特疗法，自拟"舒肝汤""排石汤"，为无数患者解除痛苦并减轻经济负担。对妇科、月经病、不孕不育症有丰富的治疗经验，血虚患者常以"四物汤"或"归脾汤"为基本加减，用药会适可而止；对出血者的治疗，始终注意止血而不致瘀，治疗瘀血造成的崩漏，常以"生化汤"加以止血，使养血活血止血于一方，其活血而不致妄行，止血而不致成瘀。自拟"红泽汤"，治疗室女闭经，几乎无不效者；自拟"调经汤"，治疗月经不调，疗效精妙。在此基础上研制的"调经丸""温经丸"，用于临床取得满意效果。撰有《崩漏的治疗体会》《调经汤的临床应用》《疏肝解郁汤治疗经行乳房胀痛的经验》等论文。

他医德高尚，全心全意为患者服务，声誉颇高。1982年7月15日，《安丘科普》以"俯首甘为孺子牛"为题，宣传其先进事迹。1982年至1987年连续6年被安丘县委评为优秀共产党员。曾任潍坊市党代会代表、安丘县政协常委、安丘县人大代表。

沂山

昌乐县

李生焕

李生焕，清代乾隆二十四年（1759）结庐昌乐方山，状貌魁梧，不似方外人，精岐黄，工书，亦能诗。《除夕感怀》云："四十余年阅事多，事多却似梦中过。又将残岁今宵饯，话到伤情剑欲磨。"以疾卒。

赵希谦

赵希谦，字六吉，清代昌乐县人。性耿介方正，家贫，业儒弗竟，去而学医，尤精痘疹。凡遇险症，他人袖手不治者，每易危为安。中年生计益窘，乃卖药于市，日得百钱粗粝外，则为课儿诵读资。尤邃于易学及六壬诸书，为人卜祸福，多奇中。年七十三偶染时疾，以册授子而卒。其子开视，乃自择葬期，及示其子安贫读书之遗嘱也。

阎廷傲

阎廷傲，清代昌乐县人。精痘疹，多奇中，远近延请，无不往。贫家或无车马，闻其症急，辄徒步行，虽数十里不为劳。家贫甚，绝不计较财物。卒年七十二。

陈怀节

陈怀节，字竹亭，清代昌乐县人。少读书，因体弱致疾，乃专事养身，因精岐黄术，疾以愈。施药济人，从无德色。

马元吉

马元吉，字文仲，清代昌乐县马家河子人。性至孝，因父患疮，延医不至，乃焚香告天立誓："父病得愈，必精习医术以济人。"既而父病果愈，于是弃儒学医。医书到眼，无不明澈，若有神助者。然久之艺成，远近延请无不往，病者谢仪，贫富皆不受。尝见一异乡人生巨疮，引至家医治月余始愈，其人不知感恩，反拐荷田锄而去。去后疮复发，转求之，医如故。时号公为"生佛"。清代同治十二年（1873），昌乐、潍县、寿光、临朐、益都、安丘六县县令赠马元吉"齿德儒医"匾。殁后乡谥"文中"先生，共为立祠祀之，祠内碑文曰："良医马先生文仲公之位。"百年后香火犹不绝焉。子湘、孙龙骏、从孙荣光，世其业。湘自有传。

马湘，字楚江，清代昌乐县人。翰林院待诏、乡饮大宾。传父元吉术，清廉亦肖父，精外科。闻邻人嗽声，曰："是人五日后，必发心疔危症也。"嘱其预治，不听，阅六日果发疔在鸠尾，急延视之。曰："幸早从事，无害也。"为处方调理而愈，其神奇多类此。年登八秩，乡人制锦庆祝，七邑毕至。殁后乡谥"孝惠"，祔主入祠，并勒碑纪实。

马龙骏，郡庠生，马湘子。传父、祖术，每逢二七，黎明即起，日暮恒不得息。殁谥"仁宣"，祔主入祠。

马荣光，字瑞堂，马湘侄。乡饮耆宾，由胞叔"孝惠"传授，艺精心慈，里人威德，殁后亦祔主入祠。

刘炘，字怡亭，清代昌乐县人。例贡生。设塾于家，课里族子弟，通阳宅，兼精医学，以子贵诰赠朝议大夫。

刘瑞堂

刘瑞堂，字云卿，清代昌乐县人。邑庠生，与伯兄赓堂、仲兄敬堂俱以学行名于时。公故有心血虚疾，调治数年始愈。慨然曰："此岂不可济世耶？"遂弃举业，习岐黄。时马楚江父子以专门医学外科，声驰海岱间。公别树一帜，专攻内科，辨脉审证，不爽毫厘，虽牛童马走不惮，往复诊视，故每至一处，辄为乡人挽留不能去。

赵敬先
附赵敬周

赵敬先，字经堂，清代昌乐县人。邑庠生。家素裕，示指繁，医生常不离门，遂潜心医学，博极群书，而登峰造极内科一门，与刘瑞堂并称绝技，邑令李表其门曰"普济群生"。

其弟敬周，字礼堂，亦庠生，事兄，谨由兄传授，而时疫一门，尤擅长焉。

郄士让

郄士让，字礼堂，清代昌乐县人。精内科及痘疹。贫家延请，不计远近，恒徒步往。立方遵古不炫奇。殁后，共为醵资立碑，以志德惠。子作羹，世其业。

郄乐贤

郄乐贤，字俊斋，清代昌乐县人。精内科。邑人王永昌病伤寒胁痛，经数医无效，痛极喘促，势濒危殆。延治，问其期，答："五日。"曰："是尚可治，过七日则不救矣！此右胁痛，当分痰气。"立方调治，一剂豁然，人皆服其精焉！

赵芹香

赵芹香，字鲁村，清代昌乐县人。少孤，事母孝。母以积劳致肺疾，晚益剧，遂研究医经，别有心得，一时求方脉者无间朝夕。县知事张匾其门曰

"术衍淳于"。至急人之急，不遗余力，有古义侠风。

田升麟，字瑞廷，清代昌乐县人。通医术，外科尤精，一切疮症，经公手病若失，遇险症，闻信即徒步往，恒过时不暇饮食，邑人感其德，勒石墓道。

高与能，字拙斋，清代昌乐县人。邑庠生，晚年因疾究心岐黄，注《瑶函臆说》藏于家。

王尔恂，字慎斋，清代昌乐县人。精痘疹。每遇痘疹年，昼夜不遑寝食，不以为劳。

滕景曾，字沂川，清代昌乐县人。增广生。困于棘闱，攻医术，以岐黄得名于时。

郑步堂，清代昌乐县人。邑庠生。通医术，尤善妇科，历四世其经验良方，后人犹传其术焉。

高在辰，字灿如，清代昌乐县人。家素裕，精医道。有杭州贾沈其鹤者寓青州，冬月得危症，延公医，公慨然就道，不惮往复跋涉。知安丘县事四川王鲁之孝廉疾，延公用肩舆，公谦谢，骑驴而往。乡人以疾求者施之药，远者并给饮食，活人济世，著为家法。二子，长载赓，字承绪，候选布政司经历；次庄临，字敬亭，邑增生，传父术，施药治疾，不受谢仪，克绍家声。

田升麟

高与能

王尔恂

滕景曾

郑步堂

高在辰

高琳

高琳，字绍堂，清代昌乐县人。廪贡生。工书法，考取国史馆汉誊录，议叙二府同知，赏戴花翎。精岐黄，晚年家居，治病施药。著有《女科辑要》藏于家。

程名远

程名远，字作哲，清代昌乐县人。善治痘疹，兼工针画，一乡赖之。

刘松龄

刘松龄，字寿山，清代昌乐县人。邑庠生。少有虚弱疾，入泮后弃儒就医，因精其术，贫富谢仪概不受。中年后声驰遐迩，名流贵族酬答书画，积久满一楼焉。

黄鹏龄

黄鹏龄，清代昌乐县人。幼习岐黄术。公曾祖立孝先生以医学名世，祖汉元、父作则继之，皆能守其家法。公承庭训，博通淹贯，尤得外科秘诀，凡难治险症，经公手辄奏奇效。每晨起诊疾，日暮而疾至者还来，不得息，以故遐迩，莫不知"黄先生"云。子永熙，能世其业。

刘鹿鸣

刘鹿鸣，清代昌乐县人。幼读书涉猎药经，精痘疹，贫富延请无不往，未尝受谢。

刘楷

刘楷，字式臣，清代昌乐县人。因家贫多病，弃儒就医，善时疫。寒家延请，步行不须舆马，乡人德之，公举耆儒，学使尹给匾曰"矜式乡闾"。

杨克敏，字颖轩，清代昌乐县人。幼读书，雅慕岐黄术，及长博览医经，邃于叔和《脉诀》。每治病诊毕，发明病之原委，无不一一吻合，治妇人胎产尤精。

张培元，清代昌乐县人。少读书，精力过人，中年后专攻医术，善时疫。每治病至人家，茶食外余不复扰。晚年寄兴吟咏，尝有诗云："从事岐黄术，精深惜莫明。唯能无愧怍，借此慰平生。"其为人可想见，卒年 79 岁。

杨殿甲，字鼎三，清代昌乐县人。少读书，慕岐黄术，精心毅力，遂涉其藩，痘疹一门尤精，家贫一介不取。年六十卒，吊者皆为流涕。

王成，字韶九，清代昌乐县人。精痘疹。矢志济人，积德好善。同治六年（1867），里人公给匾曰"仁术活人"。

张滨，字北海，清代昌乐县人。少孤贫，力学，通医术，尤长于痘疹。遇险症，医一次，不复待延。而至贫者，辄徒步往，济世活人，见称于时。子子峰、孙萃堂，亦以医名。

刘立庸，字理堂，清代昌乐县人。自先世曾祖纯，世为名医。立庸守家法，兼内外两科，遇危症，每易危为安。邑人赵滋荣腹生鳖瘕已成形，数医无效，经一调治即愈。益都谭家坊子陈凤仪与弟凤梧析居得气蛊，延立庸至其家。立庸劝其兄弟和睦，

杨克敏

张培元

杨殿甲

王 成

张 滨

刘立庸

席次吟诗讽之，有"莫教紫荆啼黏树，如何雁影俱分飞"之句。陈氏兄弟感悟，和好如初，凤仪病亦愈。以诗医奇疾，世罕有，一时传为佳话。子五人，季广恩，字惠卿；孙湘源，犹能世其业。

荣希光，字辉亭，清代昌乐县人。幼嗜学，性廉介，遇事明决。同治五年（1866），倡义筑寨，寨成贼至，附近各村依以安全。晚年涉猎医术，精痘疹，以济世为心，一乡称"善人"焉。

郑玉美，字蓝田，清代昌乐县人。少孤，事母孝，尝守"父母在，不远游"之义，平生未尝远出。或以事诣亲，虽数十里，必即日返，不以风雨阻也。母一日不见玉美，辄不乐。母殁，擗踊哭泣，痛绝复苏。及葬，扶柩至墓上，痛哭呕血，气绝不续者移时。春秋祭祀，必率家人埽除，躬涤杯棬以进。性慈爱，乡里有不举火者，时时赒恤之。晚年，阅古书传方为药以济人，不可胜纪。有《医学辨误》藏于家。

滕昭甫，以字行，清代昌乐县人。为人端谨，静默寡言，少应童子试有声。性孝友，一予一取，事至微亦必禀诸父母，视诸侄如子。善按摩之术，凡疾病应手立愈。虽极贫贱，招之即速往，疾愈亦未尝索谢。安丘曹禄丰为之传。

李文德，字来之，清代昌乐县人。通医术，不受谢仪，或强之，曰："医本仁术，不慎，则杀人；若因以为利，则恶矣。"终不受。

战安平，字子衡，清代昌乐县人。少困场屋不得志。攻岐黄术，精内外两科，远近求者无不应，家贫不索谢，乡人高其行。

李椅桐，字琴山，清代昌乐县人。邑庠生。性豪迈，以书史自娱。精痘疹，尤善治痧。贫家延请，不需车马，至今乡人称之。

赵长龄，字松年，清代昌乐县人。锡龄之弟。性孝友，多膂力。少以胆略自雄，弓刀不去手。咸丰辛酉之变，父伯启携家人避寇，公乘马持刀随。去村十余里，贼猝至，公挺刃与贼搏。贼攒刺之，公度家人行已远，驰而免。因侍父疾，博涉岐黄术。慨然曰："此亦足以济世也。"遂专精于医，不辞劳，不受馈。邑人德之，相率匾其门。

赵冕，字寅东，清代昌乐县人。立志高尚，制品端严。精眼科，求医者踵至，有言谢者，则正色拒之。邑侯吴公病目剧，召之不往，但就来人问其状，为处方立愈，馈以金不受，至其门亦不见。

赵希清，字洁士，清代昌乐县人。邑廪生。通医术，尤精痘疹。远近延请，皆自备车马以往。

同时赵禧临，字吉士；赵肃源，字清臣，皆专门痘疹，以岐黄名。

王瑞麟，字呈祥，清代昌乐县人。性醇厚，少颖悟，有才思，困于场屋，因潜心青囊术，精痘痧，著《痘痧管窥》行于世。年八十六卒。

战安平

—— 沂山名医 ——

李椅桐

—— 沂山名医 ——

赵长龄

—— 沂山名医 ——

赵　冕

—— 沂山名医 ——

赵希清
附赵禧临、赵肃源

—— 沂山名医 ——

王瑞麟

—— 沂山名医 ——

高麟圃

——沂山名医——

李沧清

——沂山名医——

赵之兰

——沂山名医——

郄秋浦

——沂山名医——

高麟圃，清代昌乐县人。邑庠生，精医术，痘疹一科尤称能手，共呼为"神医"。著有《验方歌诀》四卷。

李沧清，又名建行，清代昌乐县人。性旷达，能诗兼精岐黄术，求者盈门，不辞劳，不索谢，士林咸称颂之。

赵之兰，字馨谷，清代昌乐县人。祖泸溪典史以恭由湘中得《痘疹妙诀》，父激源益加研究，之兰幼承庭训，以痘疹名于时。子滋慎、孙履坤、曾孙裕亮、元孙延福，世其业。

郄秋浦（1881—1972），名澄然，字秋浦，号东皋，堂号泊静堂，昌乐县东管庄村（今属宝城街道）人。自幼天资聪敏，勤奋好学，9岁入塾，受家庭熏陶，16岁即读医书，23岁考中秀才。废科举后，弃学随伯父郄乐贤专志学医。精研中医经典著作，其中《黄帝内经》《难经》等均能深悟强记，尤对《伤寒论》《医宗金鉴》和陈修园医书24种研究颇深，晚年仍背诵自如。郄秋浦一生简朴，诚实待人，通古博学，藏书甚富。行医60余载，医术精湛，尤擅长内妇科杂病。医德高尚，深受敬仰。

27岁独立应诊，30岁即名闻乡里。1923年郄秋浦开始在昌乐县城"广生堂"坐堂，医术日臻提高，求诊者甚多。1924年，当地百姓为表彰他精湛医术和高尚医德，赠匾"国手无双"悬挂于门楣。1934年参与编写县长王金岳主修的《昌乐县续志》。1936年昌乐县政府组织360多名中医集中考试，郄秋浦拔得头筹。

郄秋浦行医注重药材炮制，对药材产地和优劣真伪，亦有丰富鉴别经验，从不用伪劣药品。每处一方十分慎重，药物概写通用名，字字正楷，清秀端庄。每开完一方，他总要细心查看，直到无误。其严谨的医家风格，对后者启迪颇深，也深为求诊者钦佩。

他曾以《伤寒论》《金匮要略》原方原量，治愈许多危症患者；常用风引汤治疗成人中风、小儿痫症，疗效显著。对老年性疾病，郄秋浦常取法于《薛氏医案》《景岳全书》，采用温补之法缓图其功。对妇科病症，他则取法于《万氏女科》《胎产心法》等。其处方用药，师古而不泥古，创新而有章法。他常说："我这一生，创新不多，多取法前人，靠准确认症，选方中病。"如治风寒感冒，他喜用桂枝汤原方原量，辄奏奇效，并立论：桂枝汤中大枣12枚，为方中之药，不可忽视；服药后必喝1碗稀粥，是为方中之使药，否则药效将减半或全失；再如用炙甘草汤，郄秋浦认为方中以生地黄为君药，用其原量1斤（汉制，约48克），炙甘草原量4两（约12克）。清酒为方中之使药，须按原方中酒水各半同煎，则医治心脏疾患甚验。

郄秋浦一生以济世活人为宗旨，性情恬淡，刚直不阿，待人诚实，严以律己，从不弄虚作假、巧言令色。他曾言："行医并非求富，济世活人为本，乃仁术也。"其历几十年行医生涯，登门求医者达官显贵固然不少，然穷苦农民居多，他总是一视同仁。如遇重危急症，无论严冬酷暑、寒风暴雨，他都有求必应。"七七事变"前，昌乐县长王金岳，派护兵叫郄秋浦出诊，当时候诊患者多，当问知县长是一般咳嗽时，他又专心为在座的患者看起病来，直至诊完才随护兵出诊。县长等烦了，生气地说："我叫你快来，为何怠慢？"郄秋浦回答说："我的天职是看病，谁有病就给谁看，不分高低贵贱。那么多远道而来的患者等候着，难道还得先来给你看病不成？"气得这位县长目瞪口呆，因郄秋浦乃地方名士，县长对他也无可奈何。有好多患者，手中一时无钱，他都先医付药，年底无力偿还者，则一笔勾销。

1956年，年届75岁的郄秋浦调至昌潍专区第一人民医院（现潍坊市人民医院），与名中医曹同文创建中医科，并任山东省中医协会理事。此间，他编写了医著《妇科验方》等，并兼任山东省中医学会理事。1972年，他因病去世，享年91岁。其医著由门生肖敏之整理为《郄秋浦医案》存世。

郄秋浦一生救死扶伤誉满杏林，不忘以传承为己任。1956年，他担任地区首届中医进修班《伤寒论》《金匮要略》主讲，致力于传统医学的传承和中医人才的培养。其门生中有肖敬之、张奇文、姜绍华，均在中医界享有盛名。郄秋浦数代后人，次子郄韶堂、孙郄锡祯、郄锡禛（西真），曾孙郄汝正，曾孙女郄玉臻，玄孙郄本禄，均一脉相承从事中医，郄秋浦医术医案入选"潍坊市非物质文化遗产"。

黄培宗

黄培宗（1892—1951），昌乐县高家庄子村（今属乔官镇）人，祖传外科中医，自幼跟其父黄永熙学医。长于治疗疮、疖、痈、疽、疔、瘤，能引毒去险（将长在凶险部位的痈疮引到易治部位治之），享誉县内外，与城北马家河子医生马湘并称"南黄北马"。其叔祖父地方名中医，排行老四，性格偏强，寡言少语，人送绰号"黄四肉头"。因其性情和医术与叔祖父相近，虽排行属三，也被袭称此号。

黄培宗系家传第六代中医，早年承袭祖业，在北展坐堂行医。昌乐解放后，率子黄金铄、孙黄际祯在鄌郚开设诊所，承"治病乃仁术，以济世为本"之祖训，对求医者不分高低贵贱，一律细心医治，对无钱者照样精心治疗。他治疾无须患者述说病情，凭观察面色、神态、切脉，便可准确判明病患所在、临床表现、严重程度和能否治愈。

黄培宗一生以《医宗金鉴》《外科大成》为准绳，注重察病情，究病理，常言：治病贵在辨证明确，明其理才知病之轻重缓急、治之难易。他认定疮疡之症火毒生，气滞血瘀病则生，风火之症疏解治，气滞血瘀当宣通。他以"四诊（望闻问切）""八纲（阴阳表里寒热虚实）"辨证，以脏腑辨证为依据，观察患者形色及疮疡部位、深浅、轻重、缓急，确定治疗方药。有一日是北展集，他早饭后上集逛了一趟，回来时院里屋里已挤满了等候看病的人。他进门后先把患者都察看了一遍，就进屋坐在炕沿上抽起烟来，多数人早闻他的"肉头"脾气，在耐心地等待着，只有一个从沂山脚下来的壮年，用筐篓挑来个五六岁的男孩看病，见黄培宗抽烟喝茶，慢条斯理，不紧不慢，就等不及了。他用筐篓端着孩子挤上前去说："先生，先给俺这孩子看看吧……""急啥？"黄培宗擎着烟锅说："你那个孩子又没有什么大病，只是个蛋子（睾丸）肿，又不疼不哭，你急啥？"那壮年顿时被惊呆了，刚才孩子放在院里，坐在筐篓里，先生只是从外边回来走了一趟，看了一眼，怎么就知道生的是什么病，病情怎么样呢？真是神医！于是他就放心地退到一旁。轮到给他的孩子看时，黄培宗给他包了三包药，说："温水泡开，睡觉前洗，三天就好。"回去后果然洗了三天就好了。第四天，那壮年特意赶来致谢："三天，就是三天好的！"抗日战争期间，黄培宗的诊所虽经多次搬迁，受尽险阻，但是但凡有登门求医者，他都不分昼夜，立即诊治。有需出诊的，他也不避阴雨风雪，随叫随去。

黄培宗能使药物引毒去险，将长在要害部位的疽疔引到易治部位进行治疗。其行医本着处方从简、用药从轻、疗效速卓的原则，使患者费用少、病早好、痊去根。所用药物严格遵古炮制，绝不以劣代优。他一生治愈许多锁口疔、大背、鹤膝风等危重病患。其医德高尚、医术高明，不仅在本地享有盛誉，连省外也多有慕名来求者。

李彦忱

李彦忱（1897—1973），名显邦，昌乐县西南庄村（今属朱刘街道）人。出身中医世家。其曾祖李伦清为清代名医。李彦忱7岁入塾，因废科举，16岁乃禀承家学，攻研医书。素聪颖过人，刻苦读书，数年后《黄帝内经》《伤寒论》《金匮要略》等皆能成诵，还研习了金元四大家及明清诸名家著作，20余岁即崭露头角，名负乡里。1936年昌乐县中医考试居第二位。1948年在大连行医，曾获全市中医考试之冠（《大连日报》有载）。解放后应聘到昌潍第一人民医院中医科，并在第一届中医进修班任教。1957年调任昌潍第二人民医院中医科。主要著作有《妇科翼录》五卷（1964年完稿，省中医文献馆存稿);《伤寒启蒙》六卷及论文《甘松敷法治疗鹤膝风》等。系昌潍地区中医协会理事。

高祖忠(1899—？)，昌乐县人。中华人民共和国成立初期地区知名中医，1965年昌潍专署卫生局公布的名老中医之一。1955年，昌乐县医院成立中医科门诊，由高祖忠坐诊，尤擅长妇科。

马连城(1904—1962)，字子和，昌乐县马家河子村（今属经济开发区）人。受其父马元吉影响，自幼学习《汤头歌诀》《药性赋》《医宗金鉴》《金匮要略》等中医著作。20岁坐堂问诊，精通内、外、妇、儿诸科，尤擅中医外科。他治病望闻问切，一丝不苟。给患者用药，必以病情变化调剂药量，每每产生奇效。34岁时，一老人名于溪东，脊背忽然紫红，圆如碗口，治者不以为疮，服药无效。次日红肿突起，其大如盘，于是向他求治，他一见即认定丹毒发作，说："此疮虽发于今日，虚根却在40多年以前。"老人自述11岁时，曾四肢麻痒，多方求医，有的以虚症用补药，疼更甚；有的用滋阴凉血药，虽邪热解阴火退，然而四肢麻痒终不愈。他听后即据病情，用连翘消毒饮与龙胆泻肝汤加减，2剂肿消热减，7剂症状消失。继之老人又出现泻泄，所便之物，非脓非血，状类鼻涕，昼夜数十次。他认为此非痢疾，是疮余毒攻于大肠所致，用戊己汤并赤散芍药汤成方加减，7剂而愈。

马连城既重医术，也重医德。凡遇见重患者，不论昼夜风雨，随请随到。遇贫困者，总是先开药或记账或不收费。治病时，能用小处方不用大处方，能用廉价药不用贵重药。百姓感其德，多有赠送礼品及匾额者，皆婉言谢绝。"七七事变"后，日军侵占昌乐城，他举家迁至任疃村，抗战胜利后迁回县城。中华人民共和国成立后，提倡西医学中医，继承和发扬我国医学文化遗产。他结合多年临床经验，总结许多外科奇效良方，对治疗肺结核、脱疽、鱼鳞癣、骨结核、梅毒、对口、瘩背、扁头风等病有奇效，且有移疮之术。1956年任昌乐县联合诊所所长，1958年到山东中医进修学校研修班学习。其间，被学校聘请代讲《瘟病论》，结业后谢绝学校邀留任教，返回故里，任昌乐县人民医院中医科负责人。

马连城晚年医术得以充分发挥，慕名求医者遍及昌邑、高密、青州、临朐、临淄、安丘、寿光等地。潍坊知名中医、书法家郭谷石曾撰联称赞"克承家学通新法，不为良相作名医"。1962年9月因病逝世。

王景明

王景明（1905—1959），字华村，昌乐县东徐村（今属宝城街道）人。自幼天资聪慧，勤奋好学。1927年考入青岛针灸专科学校，除研修传统中医针灸医术外，还悉心研习西医外科和产科。1930年毕业后在昌乐县城开办诊所，是县内最早推广中西医结合的医务人员，亦是最早坐堂挂牌行医的西医之一。

他熟通中医针灸疗法。如常见的打嗝症，发病时打嗝不止，严重影响进食睡眠，轻则数小时不停，重则经年不愈，药物治疗效果极差。他为患者选主穴天突，配穴内关、中脘，用强刺激手法，取得显著疗效。一般一次治愈，且不复发。对中风偏瘫的治疗也有较为理想的效果。他擅长西医外科及产科，尤擅外科清疮术及难产。时人受生活及卫生条件限制，多生恶疮，肌肤腐烂，脓血流溢。他在县内率先施行西医清疮术，割除腐败组织清理疮面，用西药或针剂注射消炎，患者多能很快康复。他还是县内最早的男性产科医生，能够熟练施行牵引术、外倒转等产科技术，拯救婴儿和产妇的性命。除本县外，寿光、安丘、临朐等地有产妇难产，多专程来聘。其间，经其救治的妇婴逾千人。

1937年东南村一刘姓壮年患中风不语，半身不遂数月，晚秋时忽然加重，昏迷3天不醒，脉力衰竭。王景明被请到后，见已喂不下药，打针也难以吸收，即下决心针灸。他先从头部下针，同时针着七八个穴位，终于使患者苏醒过来。后连针半年，辅以打针服药，使患者由长年卧床好转为能下床站立，拄杖行走。最后竟弃杖而行，生活自理。一个小男孩已十一二岁了，却个子矮，身躯瘦得三根筋挑个头，皮包着骨头，面色蜡黄，头发干焦，挺着个好大的肚子，像揣了个篮球。肚皮青筋暴露，成天低头蔫脑，浑身没劲，只是爱吃棉絮，穿棉袄撕开棉袄吃，盖被子撕开被子吃，棉絮吃净就吃布条。王景明诊断后，认定是肚内有大量蛔虫所致，对症处方，服以大剂量药物，配合多穴位针灸，果然当夜奏效。第二天开始拉蛔虫，拉出的蛔虫有筷子那么粗，好多竟老得黑了头，拉了有两盆，最后又拉虫卵结成的小肉蛋，连治了3个疗程后，小孩食欲大振，身体逐渐康壮起来。1年后，其父领着他来看王景明，满怀感激地说："我是特意领着他来请王先生看看，这就是当年那个病孩子。"此时那孩子已头发油黑，面色红润，肌肉丰满，体魄健壮，成为一个十足的健康少年。

王景明在群众中威望高，不仅因为其医术高明，更因为他医德高尚。对求医者，有钱的他给治，没有钱的他也同样给精心治疗。有来请出诊者，不论白天黑夜，阴晴雨雪，他都是毫不犹豫，立即前往。有的患者家境贫困，看了病却没有钱，他连账也不记，不再收取费用，因而很受群众尊崇，30多岁即已德高望重，誉满县内外。寿光纪台一带民众曾送匾额颂其医术医德。解放后，他积极参加县工商联的各种活动，加入联合诊所行医。1959年因故辞世。

刘景祺

刘景祺（1923—? ），昌乐县人。1937年就读中学，随堂祖父刘子贞兼学中医。堂祖一生以中医为业，善以时方疗疾，兼施针灸。同期，表兄王国荣受业于施今墨，业毕返里悬壶，对刘景祺立志业医，也有极大影响。1946年考入齐鲁大学。在学西医学过程中，仍自修岐黄学理，并中西对照，细细玩味，各有千秋。1953年春，齐鲁大学医学院毕业，分赴内蒙古，与白璧臣副主任医师、王炳勋副教授、王玉玺医师、廉毓铭副主任医师协力，对性病、布氏杆菌病、克山病进行中医药治疗研究。同期，自拟黄芪活血汤治疗硬皮病及动脉硬化，取得可喜苗头。其间与老中医竺友泉、王贵清结识，竺友泉善以经方为骨架，时方为筋肉疗疾，王贵清以辨脉证、投经方著称。在二人教诲下，更加详研《伤寒论》《金匮要略》，将仲景众方验之临床，"尝以证对方符者，施治于人，其效甚佳"。治疗杂证，遵仲景法，用仲景方，得心应手。对心下痞、结胸、胸痹、痹证、黄汗、痰饮、冲气、水气病、黄疸病、吐衄下血、少阳证、少阴证等疗效较好。1978年调至山东中医学院附属医院工作。先后撰写《黄汗三则》《尿血治验》《吴茱萸汤治疗神经官能症》《用大陷胸汤治疗结核性渗出性胸膜炎》《小半夏加茯苓汤治疗病毒性心肌炎》《链霉素中毒一例治验》《苓桂术甘汤的一方多用》《急性感染性多发性神经炎二例治验》等文章，均已发表。1983年晋升为副主任医师。

刘景祺以西医问世，在临床实践中，对中医学术产生浓厚兴趣，极力推崇仲景学说，颇有心得。著有《经方验》一书。

肖敬之

肖敬之（1928—2018），昌乐县东肖村（今属宝城街道）人。1946年毕业于昌乐师范，1947年拜郐秋浦为师学医，历时16年，朝夕相处，尽得其传。1956年始任昌乐城关联合诊所中医门诊部主任，1958年任昌乐县人民医院中医教研组组长，1960年调入潍坊市医学研究所，兼潍坊医学院中医教师，1963年调入潍坊市人民医院，先后在中医科、保健科任主任医师。山东省中医药学会会员，山东省自然科学技术协会会员，山东省中医高级职称评审委员会委员，潍坊市中医药学会副理事长，政协潍坊市第六、第七届委员会委员。

肖敬之天资聪颖，博闻强志，从师十余年，全面继承和发展了其师学术经验。他以《黄帝内经》《伤寒论》《金匮要略》为学术源委，《医宗金鉴》为临床指南，旁及诸家学说。治学严谨，不尚浮华，讲求实效，"择其善者而从之，其不善者而改之"。临床上外感病取法《伤寒论》《温热论》《温热条辨》

《温热经纬》；内科杂病以《医宗金鉴·内科心法》《丹溪心法》《张氏医通》《景岳全书》为宗；妇科则以《妇人良方大全》《胎产心法》《万氏女科》《傅青主女科》为主，这些均作为案头之书反复研读。治病善于谲气，认为："人以气为主，一息不运则机缄穷，一毫不续则穿壤判；阴阳之所升降者气也，血脉之所以流行者亦气也；营卫之所以运转者气也，五脏之所以相养相生者亦此气。"临床多以此理来认证，选方精准，加减灵活，用药轻巧，经方时方，圆机活法，运用自如，常以平淡之方出奇制胜，屡起沉疴。他在综合医院工作多年，经常参与急危患者抢救和治疗，充分发挥中医特长，提高了临床治愈率，积累了宝贵经验，证明中医在治疗急危重病领域有着广阔前景。

肖敬之平时坐诊不论是富贾显贵、海外华侨还是普通百姓，均一视同仁，精心诊治。在家不管是寒暑雨雪，还是白天黑夜，只要患者登门求诊，都给予热情接待。经他治愈的患者不计其数，为无数患者解除疾病痛苦。退休之后各地慕名求诊的患者仍然络绎不绝，尽管年迈不便，都要亲自应诊，有求必应，一丝不苟，赢得患者广泛赞誉。

在昌乐十余年间，特别是在任县中医教研组组长期间，举办过多期中医培训班，担任《黄帝内经》《伤寒论》《金匮要略》等主讲，亲自编写教材，结合临床，深入浅出，易学易懂，至今一些古稀之年的老中医提起来还印象深刻，津津乐道。在潍坊近60年时间里，不论在医学院兼课，还是为市里举办的各类中医学习班讲课和带学生，他都认真备课，精心指导，提携后学，不遗余力，培养了大批中医人才，为潍坊中医事业传承与发展做出了重要贡献。

肖敬之学验俱丰，医术精湛，对内、妇科杂病造诣颇深。诊病之余，他注重中医学术传承和经验总结，1963年用毛笔小楷整理出《郄秋浦医案》，共载病例80例，郄秋浦亲自作序。根据多年临床经验总结出《临证验方200首》《肖敬之临床经验集》，由其子整理；撰写《冠心病辨证施治体会》《中医治疗慢性肾小球肾炎的体会》《论"伤寒论"的三阴病》《浅谈气候与疾病》《从"肾"辨证施治的体会》等20余篇学术论文，并留下颇多医案医话。

常言："夫医者，非仁爱之士不可托也，非聪明理达者不可任也，非廉洁淳良者不可信也。"以此来训导学医者。并谨遵郄师为医之道、为人之道，在学术上无门户之见，无流派之争，与同仁互学有无，相互促进，从不诋毁他人，医德高尚，医风端正，在中医界有着崇高声望。肖敬之为人谦和厚道，乐善好施，不图名利，不求闻达，一切为患者着想，时刻关心中医事业发展。在担任省高级职称评委期间，对在患者中威信高，有真才实学，但无学历的基层老中医仗义执言，深受同道尊敬。

沂山

青州市（益都县）

高昶

高昶（1481—1556），字景辉，明代益都县金岭镇（今属淄博市临淄区）人。性醇厚正直，以济利存心。弘治间，传异人医术，直抵精明。诊视察故，辨证出奇，天下让能，群医莫及，时号为"卢扁"。尤专伤寒钤法，定脉不差时刻，所全活者不可胜计。名著户外，倾动贵显，抱疾求疗者，踵门无虚日。尤注念贫困家，务与善药，未尝有责报心，乡党高其义行，年七十六卒，逮属纩问药者，犹在门也。

高氏精研《伤寒钤法》，摘其精要加以注释，撰有《钤法》一卷，今已佚。

其弟子梁圯，继其业，亦为名医。

赵铿

赵铿，字国用，明代益都县人。世业医，精眼科，时人颂称"赵光明"。少尝问其父曰："开光砭翳，孰愈起死回生？治疗一端，孰愈保安全体？"父大异之，令穷研医典。遂潜心体验，无间寒暑昼夜。已而洞豁至理，叹曰："流俗所业，皆纸上陈言，未尽古人之妙。"受金岭镇高昶脉诀，始入玄微。对脉察疾，应验如神，矢心施药。有赍金帛谢者，辄怒曰："吾悯世人夭扎，业医施药，岂望报耶？"却之，类多感恩堕泪而去。或问之曰："疾同而攻理异，药同而效验异，何也？"曰："医者意也，以意逆病，以脉证之。苟不究其得病之原，而唯概治已著之病，鲜不失矣，效验宁不异哉。"术行二十余年，全活者数万。一日假寐，梦一神人告之曰："扶危济颠，阴功阳报，金紫之贵也。"及寤，莫知所谓。未几，朝命册封其长女为蘅藩新乐王妃，恩受西城兵马指挥，始悟前梦云。

杨惟正，字叔子，明代万历年间益都县人，著有《痘疹辨言》一书，房可壮作序。略曰：叔子从余游十余年，俊才逸群，编摩之下，潜心方脉诸集，久而神契。每群医束手者，惟正1剂而愈。且好行其德，不受馈谢。有脉解、痰集、杂证、伤寒、妇人、小儿便方。痘疹，其一斑耳。

王乾，字健阳，明末清初益都县亲仁乡东朱鹿（今属青州市高柳镇）人。精医，处方施药，孜孜无倦。子孙世传其学，济人甚众。年八十二卒。传子士起，字升斋，年七十八卒；传子梅，字福庵，尤工眼科，年八十五卒；传子太吉，字汉东；太吉传子清，字澄源。凡五世。县人之以医世其家者，唯朱鹿王氏与金岭镇马氏东西相埒云。清子智，字子方，亦能延祖业。

王清自制丸药，善治臌胀，有特效，家中有闲房数间，收住患者。北城曾有一满人官员病重，屡医无效，贴出告示，王清见之曰："非病重也，乃药毒深矣。须服二剂去其药毒，再服二剂复其元气。"三剂药后豁然而愈，成为至交。王清去世时，满人近百余人为其守灵送殡，一时轰动乡间。

王乾著有《难经妙略》一卷，《订天星十二穴》一卷，《神应经百穴法歌》一卷，《医学验集》一卷（附孙梅《眼科》一卷，《阐微》一卷，梅子太吉《温病解》一卷，《劳伤解》一卷，《杂病解》一卷，太吉子清《医学世集·妇人科》二卷，《活幼世集》一卷），可惜均已失传。

曹羲孺

曹羲孺，字幼逸，明末清初益都县人。明通政璜子，郡廪生。天性孝友，母苏恭人年高久病，调养昼夜不懈，敬兄睦族，人无间言。性狷介，操履严洁，足不入公门，与人无竞言，无媟交，无谑语，萧然一室，诵读不辍。人有过，必以道义相规。亲知同席，望之肃然。世为廉吏，事产浇薄，绝迹营逐，蔬水葛袍，坦如也。于经传外释典、道书青乌、星命靡不穷究，尤善医，以疾告者，不避风雨往治之，多验。耿介之操，老而靡厉。

翟良

翟良（1588—1671），字玉华，六世祖本河北枣强县人，徙山东，居益都颜神镇西河村（今属淄博市淄川区）。明末清初间，以医名世。

玉华生于小仕宦之门，世传儒业，祖父劢，仕浙江金华府参将。伯父进贤，郡庠生，明代万历年间任鸿胪寺序班。父聘贤，武昌府照磨。玉华自幼聪颖，敏而好学，深得父爱，常随父宦游武昌。然体弱多病，一次患剧症病笃，幸遇良医得救，由此奋发"不为良相，当为良医"之志，弃儒学医。从此刻意方书，如是七年，既尽发古人之奥府，又能以意参互用之。及归为乡里亲友诊治，投药验之，多应手奏效，求者日众，医名大振。不远千里慕名而至者，屡满户外，而玉华目察，左手诊脉，右手书方。玉华非但医技精湛，且临剧症而不畏，具有转阴回阳之法，起死回生之术。一妇人难产三日，胎未降而卒，家贫无资备棺，席卷抬出，举家老幼，哀号不已。时值玉华出诊相遇，见裹尸之席，斑斑血滴，翟氏意断，此妇未死，尚望得活，急令抬至密室，速以温瓶置妇腋下，覆以被，急置炉于户外，立即书方取药，急火煎熬，用一布袋，一端束于锅口，一端束于漏斗，罩于病妇面上，使药气熏于口鼻，并以针刺穴，少间气回声出，随以药汤频频灌之。少顷呱呱婴儿落地，母子俱安。人皆言此"神医"也。

玉华诊病四诊合参，以脉为统，尝云：脉乃病机之外见，医家之准绳，切脉正所以统望、闻、问而参其病之微机也。认为切居望、闻、问之末，应辨证索本。玉华云：症有标本，人认其标，我探其本。治有源流，人争其流，我理其源。大身气血周流循环，各有常度，原自平均，不平则病，治之之法要使得其平耳。辨证求因，即求其所以不平之由，而理之也。是以治病多验。曾治一癃闭患者，众医多方无效，后延玉华诊之，索原方视之，按原方，只将其中提气药一味加倍用之。在座众医视之皆相顾而笑。玉华曰："请等候视之。"病者按方服药，客人宴席未毕，患者闭塞已通，满座惊讶不已。然不明其理，当面请教，玉华曰："以葫芦贮水，使满，倒置，水不出，从上方以锥刺一孔，则水立出。今重用提气药，即所以开其上窍，上窍开则下窍通矣，人物一理。"满座折服。玉华长于内科，尤精痘疹。

玉华非但精于医，且精于教。年七十余茫然若有所触。叹曰："医，小道也。后生不敏，或束书不读，或复读不能通其意，将以救人，适是杀人者多矣。"乃综辑旧闻，辨其同异，摘其谬误，考其机要之未发者，参以己意疏演并论次之。撰述《经脉汇编》二册，《脉诀汇编》一册，《痘疹类编释意》三卷，诸书以为后学者立宗旨。然后学者，多有茫然莫解者，遂又著《医学启蒙》六卷，为后学者辟入门正路。玉华复虑后学之成于法而不变于道，遂又著《治症提纲》一卷，共分十篇，内容言简而旨奥，辞约而理博，提纲挈领，授人以巧，使后学者升堂入室，此正良所深望于后学者也。玉华之重医传道，为后学者思虑之周全，可谓备矣。既精于道而又神于教也。

玉华尚著有《药性对答》（已佚）、《本草古方讲意》（未见）、《千金要方·妇人方》（未见）及今征集之抄本《翟玉华痘疹心书》（一册，未刊行）等著述。

玉华医术精湛，医德高尚，志书褒美，邑人称贤。同里赵济美氏赞曰："先生精医以来，吾乡之老者、稚者、少者、壮者、赢者、危者，富者施方，贫者浐药，所生活者不亿计。"玉华以济世活人为荣，不慕仕进。顺治中，玉华客游京师，会世祖病热，诸医无所措。有以玉华名闻者，召入诊视，翟言实热当下，敕令合剂，剂中用大黄八钱，见者皆啮指，一剂而愈。命入太医院，后以亲老辞。乃厚赍金帛，驰驿而归。

玉华爱人，人亦爱之。晚年得号"神医"，誉满当时。民国初年博山名医栾尚桂氏重修颜神药王庙时，于张仲景、刘完素、李东垣、朱丹溪四家之末，增补翟良牌位，定每年农历四月十八日祭祀并办庙会，乡里士庶，以时奠祭。在今博山颜文姜祠南凤凰山南麓，旧庙仍存，已改修做民房，院内有山门、香亭、正殿及东西两厢，并存历代碑碣数座，多嵌于殿内及西厢内墙壁间。

房陆，字子由，青州人，清初民间名医。曾拜师名医翟良，得其真传，医术高超，尤善种痘和治疗天花，是翟良之得意门徒。他在为唐威原《痘科温故集》所作序中言：痘之一症，蕴于氤氲化醇之始，而发于气运杂糅之候，是以人率一患，患则安危生死判于毫芒倏忽之间。其有待于保赤者之诚求，诚非细事。乃历代方书率多浅陋，学者鲜所折衷，于是患痘者不夭于病，而转夭于庸工之误治，良可悼也。

马印麟（1646—1735），字长公，清代益都县金岭镇（今属淄博市临淄区）人。明时有名晟者，字明甫，任衡王府良医正，自晟至印麟，七世皆以医名。马印麟自幼习医，尤精儿科。见小儿因脐风夭亡者甚众，遂手辑《保婴秘诀》，详述小儿自产出、断脐、洗浴、哺乳等调护法，以及周岁饮食、起居、寒温适宜诸法。又编纂《瘟疫发源辨论》二卷，专论五运六气，附以生平经验，平陵杨瑄序之；《延龄口诀》一卷，《保身养生诀》一卷，二书系导引家言，附以方药服食兼及惜福种德之事，庶几内外交养者；约90岁时将生平经验良方汇编成《救急良方》，录方百余。其著作还有《胎产须知》《预防痘疹论》《明医汇辑》等。杨滇邑先辈《纪》略曰：马长公，先世以岐黄著名，至长公三世矣，多所全济，自称"好生主人"，所著《保婴秘诀》《救急良方》，多有验者云。

马鸣显，字柱石，清代益都县金岭镇（今属淄博市临淄区）人。躯干丰伟，髫龄崭然，露头角不与凡儿齿，受书不肯俯就帖括，又值兵革，遂废业。海氛不靖，福建参政、胶州法若真备兵兴全永道，招鸣显入其幕，多所谋划。主师者上其功，以都督参议叙用。鸣显幡然曰："吾本青齐布衣，耕云钓月，溷迹高阳酒徒，吾素志也，乌用兜鍪进身为亟。"引病归，课农教子。马氏世业医，间出刀圭疗，病者应手奏效。年七十二卒。题墓碣曰："处士马公之墓"，从遗命也。尝辑先世懿行为《述训》一卷，以示子孙；又著《马氏谱系》凡若干卷。

马温葵

附马本固

马温葵，字向午，清代益都县金岭镇（今属淄博市临淄区）人。县学生，家世业医，尤精其术，寓济南垂五十年，人呼为"青州卢扁"，撰有《马氏医案汇钞》。

其子本固，字培元，六岁失恃，父客历下，其外家怜而抚之。长从父受医，性嗜学，读书必求实用。晚年，以医授次子建铎，曰："此吾家世守也，然有三损而误药杀人不与焉，汝其戒之：立心邪淫，罔恤品行，一也；偶尔失欢，轻重人病，二也；妇女隐疾，不为掩讳，三也。"识者以为业医者之龟鉴焉。

马君

医人马君，佚其姓名，居金岭镇，精脉诀，疗病若目睹。夜坐，有老翁求医，诊其手曰："君非人也。"老翁曰："然。吾狐也。有宿疾，求君除之。"曰："此受惊也。气为惊压，故郁，而血遂因以凝滞。吾为若调之。"授以方药。狐服之，病愈。会周村镇有火灾，狐摄布数十匹酬焉，马不受，曰："子安得此！必盗之人间，吾岂受盗物乎？"狐曰："非也，此物应遭火灾，吾预摄之以来耳。每匹皆有朱判'火'字，不信，试展阅之。"验之，诚然。

王洙，字鲁南，清代益都县仁智乡张赵庄人，七世工医，惜其先世行谊未详。

　　王来康，字福三，清代益都县安定乡人，父昭业，以医传来康，来康又传子永昌，亦三世以医显焉。

　　徐濂岷，清代益都县金岭镇（今属淄博市临淄区）人。邑庠生，父岱薰。濂岷与兄沧岷皆蜚声黉序间，恪守遗训，不涉讼端。尤精岐黄，以《景岳全书》为宗，斟酌损益，订为四卷，可为医学津梁。

　　唐威原，字维德，清代益都县南仇村（今属淄博市临淄区）人。因子世大赠泰安府东阿县正堂教谕、修职郎。精于幼科，服膺明翟良，本其书，著《痘科温故集》，现存清代乾隆十七年（1752）绍衣堂刻本。上卷论痘因证治，下卷论痘后余毒。认为痘毒藏于命门，外受疫气、六淫，内触七情而发。痘后毒气虽解，元气未复，余毒可郁于皮肤、肌肉或经络、脏腑。书末附治痘后余毒诸方23首。

　　另著《痘科入门》《治痘大法》。首创本族谱牒传世。

　　朱溶，字玉川，清代益都县人，生员。善诗，兼精医学。

　　朱穆，先世自徽徙苏，以善医游青州，遂著籍为益都人。子承煦乾隆十二年（1747）顺天榜举人，官略阳县知县。

王　洙
—沂山名医—

王来康
—沂山名医—

徐濂岷
—沂山名医—

唐威原
—沂山名医—

朱　溶
附朱穆
—沂山名医—

杨岎
附杨澄中

杨岎，字松岩，清代益都县人。幼好学，且好购书，置数千卷，皆手自校勘。中年习岐黄术，自《素问》《难经》无不购求。而历代名医著述，悉萃于一室，有千余卷。既博览于群籍，复殚精思虑，于诊脉视病之际独得要领，故开方下药不投证者甚少。与富人病，谢以金受之，不坚却以鸣高。与贫人医则杯水不饮，或勉其食饮则速退。性直烈，能面折人过而无恨者，公之心见谅于乡党矣。年八十二终，殓葬以古礼，不用其旧俗。

杨澄中，字静庵，设帽肆于卫街。清杨南池《邑先辈纪略》云：善医术，先祖尝至彼与谈，静听默会其意。先祖藏书甚夥，借读殆遍。每夜以四更为度，如是者十余年，方与人诊脉开方，故能洞悉病源，药不妄发，治病多愈，远近闻名。子嘉会，庠生，亦精医。

刘三锡

刘三锡（1662—1713），字寿世，益都县孝悌乡刘君台村（今青州市属谭坊镇）人。精医学外科，专治疮痛之患，善用膏药、丸散之类。对病家有求必应，远近贫富一样对待。一生生活简朴，不受礼物，深受群众拥护和爱戴。据传，每遇有成脓之疮痛，三锡皆用酒漱口后将脓血吸出，群众无不感动爱之。

三锡识字不多，又无后裔，从事医学皆为经验之方，故无著作留世，其术亦无继承者。乡人神其术，有患病者试祷其墓，病辄愈，因之祷祀者日多。乾隆十六年（1751），乡人为之立庙，并勒碑于其墓。祷祀者不绝，墓前酌酒，地恒无干土。每逢其生日（农历三月二十八日），远近百里都来祭祀，盛时达近万人，遂演变为三月二十八刘君台庙会。

李纶，字经五，清代益都县李官庄村人。道光年间举人，官陵县教谕，性和易，引掖后进，如恐不挚。游其门者，多有所成就。纶幼孤，母复多病，侍奉汤药，动辄经年，久之遂精医理，远近求疗者如市。

冀逢庆（1706—1775），清代益都县郑母店村人，迁东南鹁鸽王村（今属青州市黄楼街道）。祖、父世忠厚。逢庆少渐家训，容止言辞一范于正。读书不多，能观大义。与弟析产，推厚取薄，弟亦固辞，交让者久之。自奉甚俭，而周急无所吝。通医术，储药盈箧，贫而病者亲为诊视，检方和药饮之，所济甚众。逢庆寡交游。唯贾文明者，独行士也，贫而介。逢庆与之契，每入城，必造之问所需。或值匮乏，则出所携以赠。文明亦量受之，苟米薪才给，则不取也，岁以为常。乡人某佣于其家，妻子皆别居，佣病死，家无所依，逢庆使迎其妻子至，养之。其子稍长，具修脯俾入里塾焉。乾隆四十年（1775）卒，年七十。

子重美，能守农业。有孙三人。初，逢庆遇相人者言："君之貌于法当为僧，否则无嗣。"至是其言不验，人以为厚德之报云。

刘执蒲，字剑堂，清代益都县北关人，监生，著有《痘科辑要》八卷。

谢子超，字仲昇，自号"四松"先生，清乾隆年间益都县城里人。儿时侍父，即喜闻岐黄术。授以书，雒诵不倦。及长，学益博，术愈加精，治疾良验，青州人称良医者咸曰"谢先生"。虽工医，好

李　纶
沂山名医

冀逢庆
沂山名医

刘执蒲
沂山名医

谢子超
沂山名医

为诗。有《四松斋诗集》两卷存世。

郑嵋，字晓峰，清代益都县卢家店村（今属青州市云门街道）人。廪贡生。性孝友，通医，人求之无不应。父卒，欲庐墓，以母老不果。母卒，庐墓三年。嘉庆元年（1796），举孝廉方正科。从兄崧，例贡生，事继母亦以孝闻。

有昭澍，清代益都县阳河庄村（今属青州市高柳镇）人，绍孔子。精医，他医束手者，昭澍投药辄愈。寿至九十四岁卒。

李文渊（1742—1767），字静叔，清代益都县人，兄李文藻。生九月而能言。幼有大志，尚气节，好古文。早孤，尝詈其师，母刑笞之数十，乃读书。以古人为师，视流辈鲜当其意者，补县学生有名。编有《得心录》一书，已佚。《四库全书提要》称，李氏因鉴于古方不能尽中后人之病，后人不得尽泥古人之法，乃撰是书，载十九方，皆自制，其敌参膏四方，缘以他药代人参，以利于贫病者。

静叔事母孝，就养左右，非应试，未尝一日宿于外。母多疾，而静叔知医，故母尤倚之。年二十六卒，私谥曰"孝悼"先生。

唐氏，女，清代益都县金岭镇（今属淄博市临淄区）王光文妻，读书，明大义，兼精医。十八于归，数月夫卒。唐欲以身殉，姑李氏劝慰之，并以其夫兄光络次子士义为之子。唐衔哀从之。既而夫兄光绖生子士贞，唐抚爱如己出。士义故多病，遂并

郑　嵋

有昭澍

李文渊

唐　氏

以士贞与之。士义兄弟又相继卒，各遗孤二人。唐氏教以耕读，皆成立。守节六十七年，八十四岁乃卒。督学某表其门。

赵登云

赵登云，字丹梯，清代益都县亲仁乡人。嘉庆间武举人，有同年生官兵部，贻书劝令赴都为求官计。登云曰："方今海宇乂安，正武夫家居时也。且吾性拙，不耐仕宦，出必负荐者。"卒不往。居乡恂恂，有儒者风，精医学外科，有求者辄往诊视，不受谢。里人至清末称之。

甄　垌

甄垌，字又夫。其先乐安甄家庙村人。高祖武庠生超，迁县之口埠（今属青州市何官镇），遂占籍焉。祖善医，尤精痘疹，垌尽传其秘。乡里求之者无虚日，废书叹曰："吾为医累矣。虽然，苟利于人，亦吾志也。"自是遂专于医。母卒，庐于墓侧，距水远，艰于汲。忽有泉自庐侧出，澄澈而甘，挹之不竭。晚年博稽群书，并述所闻于先世者，为医书数种，藏于家。同治八年（1869），知县华钧以其行上闻，诏表其门。

冯建镐

冯建镐，字景武，清代长秋村（今属青州市庙子镇）人。少工医，尤精外科，不受人谢，远近求医者踵接于门。近者予药归，远则留之具寝膳，俟愈乃遣。咸丰七年（1857），岁饥，出粟数十石，济间里之困乏者。光绪二年（1876），旱饥，出粟赈间里如初。又输于官百余石，得叙五品衔。子可中、协中，俱县学生。

孙绍文

沂山名医

孙绍文，字维新，清代同治间益都县务本乡陈家冢村（今属青州市高柳镇）人，太学生，精痘科。尝过双庙庄，有张氏子痘殇，置门外，家人环之哭。绍文视之曰："此子未死，勿悲也。"遂命市药，自齿间吹入，气息似动，又吹之，果动也。乃抱归，又投药一剂而愈。赵家坡有患痘者，绍文一见，曰："死证也，无医。"固请之，曰："治亦可愈，特百日后必发，终归无济耳。"命食地龙，遂愈，至百四日，果复作而卒。

其术传孙龙化，龙化为晚清庠生。至民国陈家冢孙氏多有习医者，至今则无所传。

钟魁伦
附妻王氏

沂山名医

钟魁伦，字卓庵，号竹溪，清代益都县务本乡郎家庄村人。其父风鸣生四子，魁伦为长子，其他三弟，两为武举，一为武解元。唯魁伦不愿习武，自幼读弓兼习岐黄术，后补县学生。戏谓所知曰："此可以冒儒医之名矣。"遂弃举业，一以济世活人为事。博综医家言，而别有领悟，一时有"秦越人"之目。延之者，每不远数百里而来；其出，亦每数月不一归也。著有《内外科摘录》《经络图说》诸书及论医绝句诗120首。

妻王氏，新城王文简公（王士祯）裔孙也，幼通文字，从夫受医，亦有心得。晚年，里党求疗者，或就其家，或以安车延至之，应手多效。

钟魁伦后为潍县八大宅家医，曾教徒一人，刘姓，具体情况不详。晚年传小儿传熹，传熹传子家振，俱诸生。家振又传其子志达，均为当地名医，近三代已失传，其所著书、藏书均被烧毁。

其后人供一秘方：用半斤重鲜鲫鱼一条，去内脏，鱼腹内加琥珀如枣大一块，用湿纸将鱼包好，外面再用泥包好，放草木灰中烧透焖熟，取鱼去头刺，留鱼肉，加滑石粉捣匀，作丸如豆大，以朱砂为衣，治疗五淋，疗效可靠。

李东璧，清代益都县亲仁乡孙板庄村（今属青州市何官镇）人。精于医，病有，可为投药，一剂立起。年百余岁，无疾而卒。

刘森，字木林，清末益都县乐善乡井亭庄村（今属青州市云门街道）人，以医著。患家延请，不计贫富，虽风雪昏夜必往，酬以财物皆不受，年八十九无疾而卒。后人感其医德，为其挂匾画像，以作纪念，其书籍及遗物后被烧毁。

马德甫（1867—1945），回族，青州城里人。家境贫寒，教书以充家用，苦读，中秀才。后弃文从医，研读《内经》《伤寒论》，善内、妇、儿科。乡人田某，鼻衄而血箭，奄奄一息，众医束手。德甫力排众议，诊为客寒犯脑，一剂而愈。其去回族聚居之金岭镇走亲戚，听说有少女将嫁而病笃，家人弃红嫁衣而备白尸布。一向宣称"医不叩门"的德甫毅然登门诊治，三剂药后痊愈，病家披红挂彩，鼓吹而花烛。

曾任北洋军阀政府第四监狱医务所长，在济南行医期间，居称奇医，至今为人传颂。国民政府执政后，返家退隐。抗日战争期间，以"不给汉奸看病"为信条。

其子马仙洲，得其传承，医术优秀；五子马楚

李东璧

刘　森

马德甫

珍亦曾习其术。

吴云图

吴云图（1867—1952），字芹塘，益都县吴家庄村（今属青州市高柳镇）人。7岁入儒学，自幼聪慧，为诸生之冠。18岁便精通四书五经，善大草。虽才学出众，却放荡不羁，对科举功名漠然置之。后奔儒行医，25岁时去辽宁省开源县谋生，投亲不遇，流落在一家煎饼铺充当雇工，日久其才学终为众所窥见，后被当地聘为教书先生，兼研医理，学有成就，医术超群。后张作霖邀请医病，吴仪表不凡，谈吐生动，不卑不亢，学而有术，深得张之宠爱，被聘于张府任家庭教师。张学良、海果尘两将军均受云图之启蒙。海果尘曾赠吴对联云："雨歇长天云吐丹，风过芹塘荷送香。"有人为吴住宅大门（居东北时）题对联云："吴氏栽培三才子，桃李结交两翰林。"吴经常出入张帅官邸，兼为百姓医病，在奉天（今沈阳）一带，颇负盛誉。

1931年"九一八"事变后，回到益都故里，继续行医。他诊病时精神集中，举止庄重，和颜软语，精心诊治。若遇疑难重症，更是全神贯注。由于医术高明，青岛、济南及周围各县前来求医者甚众，有"三祥不如一图"之说。富者请，无车马不赴，至而盛筵款待，不拒礼赠；贫者请，不需车马，不受赠礼。

黑牛王村一名60余岁气管炎患者，每到冬天咳嗽加重，吐白色泡沫痰。一年又犯病，夜间咳重，不能入睡，胃纳极差而便溏。遍请医生治疗，皆无效。时"青州三祥"均予清肺平喘如小青龙汤等寒凉之剂，效果不佳。邀吴氏诊治，吴四诊合参后认为此患者纳少便溏，脉缓滑，苔白腻，属阳虚脾湿，治宜温脾除湿，须用六君子合苓桂术甘汤最佳。患者服后，豁然而愈。

吴云图熟读中医经典 30 余部。居东北时著有《吴氏医案》十三卷（医学丛林出版社出版）及《医林撮要》。《吴氏验方选编》系手抄本，部分验方发表于《中医杂志》《中医技刊》。其中"小儿疳积方"被载于上海《新中医学》，"妇科验方"被载于《山东医刊》，"驱蛔汤"被载于益都《保健灭病》。

邵林书

邵林书（1869—1941），字玉庭，益都县西台头村（今属青州市邵庄镇）人，太学生。祖传眼科，至玉庭已七世，因玉庭聪明过人，医技益精。1919年去南京给张勋之母治眼病，病愈，因而闻名，张勋亲书"七世秘诀"木匾一幅相赠。在南京行医数年后，归里仍行医，时人感其医德医术，后赠匾五幅，后毁于战火中。

王乐山

王乐山（1874—1960），字静轩，益都县马宋村（今属青州市黄楼街道）人。幼时家境贫困，无力求学，自学成才后无意仕进，遂以教书为业。时瘟疫流行，死人无计，苦无良医，便利用教书之余，苦读医书，愿以济世活人为己任。先读《内经》，后研《伤寒论》，逐字通读，废寝忘食。其所存之书，有不少火烧之洞，即为夜读疲倦火镰触纸之痕。由于孜孜不倦，很快便稍有医名，静轩边教学边行医数十余载。1938 年左右，山东省政府考核官医，合格者可公开挂牌行医。静轩赴省城济南报考，获取全省第二名，并授予证书。后随黄河救灾慰问团赴灾区为灾民治病，获当时省政府主席韩复榘接见并合影留念。归益后医名大振，多家药店相聘为坐堂先生，先后在益都东关"富裕东""万和堂"供职。曾有一时期同时被益都东关"万和堂"、北关"永德堂"两家药店聘请，在此一家应诊三小时，再到彼一家应诊，有专车接送。所存书籍、诊病日志及黄河救灾时合影等遗物均已散佚。仅存夏润斋所赠"妙手四春"匾额一块。

有三子九孙，传长子帮用，字寿亭。

杨学闳（1876—1950），字孝庵，号野人，又号师壁轩，益都县贾家庄村（今属青州市谭坊镇）人。性情豪爽，嫉恶如仇，一生孝友，以廉洁行医闻名四乡。

学闳20岁弃学，在家耕读。无意仕途，遂立志学医。焚膏继晷，精心钻研医学典籍，时与周边老中医切磋请益，两年略成，医术渐高，就医者日众。针对陋习，自己订一守则行之：行医甘尽义务，决不收取分文报酬；不开药房卖药，对贫困人家免费奉送自制膏、丹、丸、散；随叫随到等。对贫苦群众就医者，尽量使其少花钱或不花钱就治好病。便方繁多，如砒石（少许）同大枣焙干研末治"走马牙疳"，乳汁泡黄连洗眼治"害恶眼"，丁香叶煮水洗眼治眼疾，灶心土泡水澄清后饮治小儿呕吐、漾奶，饮竹叶水利小便，荷叶煮水治疝证，霜桑叶、菊花煮水饮之治流感，鸡蛋壳焙干研末加苏打治胃病，葱白、蒲公英根捣烂外敷治疮疖子等。

同村杨云亭次子得病，呼吸困难，脸色铁青，杨学闳处以"苏梗定喘汤"。该汤头即三味药（苏

杨学闳

子、葶苈子、桔梗），药到病除，花费小。杨同升外甥患病，多方求医，服五剂药未见成效，且药价昂贵（每剂六块大洋），学闵以三副小药治好。

学闵习武健身，兼善绘事，晚年犹孜孜不倦精研医理，自书门框对联云：有客嫌室窄，无书觉昼长。他义务行医，一生简朴，去世前嘱其家人丧事从简。

王嘉玉

王嘉玉，清末民国益都县良孟村（今属青州市高柳镇）人。1913 年在吉林官医考核合格，5 年后回家业医，声誉益都、寿光、广饶、临淄四县边区，被誉为"神医"。被他治愈的患者为其立碑，石碑原位于半边街西门外路南侧，今已不存。

丁益斋

丁益斋，名义章，字益斋，以字行，回族，青州市人。自学成才，擅长治疗瘟病，有妙手回春之术，人称"丁小先生"。

杨伯修（1884—1972），名玉德，字伯修，以字行，回族，益都县城里南营街高唐巷人。父际堂制帽为业，秉性温仁，尤载盛誉，好善乐施，解衣衣人，推食食人，终身行之而不倦。伯修衍承家教，扶困济贫，切行备至。经营之余，攻读医书，学习医理，并随老中医诊治，悉心研究。每晚燃灯读书，直至深夜，甚至通宵达旦。并经常走访患者家庭，观察其病情变化及处方当否。由于他勤奋好学，刻苦不懈，几年间已精通医理，有较高造诣。并通过实践，认真探索，总结了许多医疗经验，开始义诊。他治病仔细认真，从不草率。待患者和蔼可亲，向

杨伯修

无惮烦。天热时备以茶水；老弱者给予照顾；贫寒无力购药者，或资以药费，或济以粮食；病重不能就诊者，则登门诊治，并按时探视，不避风雨寒暑，周人之难，急人之急。义诊五十年如一日，直至耄耋之年，手不能执笔，仍由口述，子媳代笔。

伯修爱国爱民，维护民族团结，遵守宗教政策，热心公益事业。凡修清真寺、修街、办学校等义举，无不积极参加，慷慨解囊。对鳏寡孤独，贫穷无告者，则经常给予施舍。

他为人正直，待人宽厚，生活艰苦朴素，平日粗茶淡饭，反对奢侈浮华，并以身作则，教育子孙如何做人。在其教育影响下，子孙辈20余人，皆安分守法，待人有礼，和睦邻里，团结同志，勤奋于事业，受到人们称赞。1944年，乡亲们怀感戴之情，赠送"颂德"匾。1955年当选为政协益都县第一届委员会委员。

张 兰

沂山名医

张兰（1888—1968），益都县东坝张家河人。幼时家境贫寒，为人牧牛，空余自习文字。后得《竹油科》一部——一种专用香油调和药物治疗外伤疮疡的手抄小册子，熟读。有时为人试治有效，更感兴趣，后经人指点，便读《医宗金鉴·外科》，知识面益宽，寻其治病者日增。1923年，张兰借资购药，在本村开设药铺，以治病卖药为业。后被土匪抢劫，药铺停业，以单纯看病为业。因当时社会风俗欠佳，患梅毒者甚众，张兰治梅毒有方，以此负有盛名。张兰以医为业，更以外科为擅长，治疗湿疹、骨槽风及各种癣病有一定经验。其治疗黄水疮、足癣等疾病方药，经临床试用有一定效果，后由刘书铭整理载入益都县卫生局选编的《验方辑选》一书中。

1950 年起张兰当选益都县各界人民代表大会代表，1955 年当选政协益都县第一届委员会委员，后连任三届。1965 年受山东中医学院附属医院之聘，到济南讲学三月。

杜云升（1896—1980），字雨田，益都县石庙村（今属青州市王府街道）人。杜氏三世以医为业，以中医眼科为专长。其父杜兴才，行医 40 余载，在当地有一定声望。云升自幼聆听父教，精研医学，18 岁正式代父出诊，继承父业。

1952 年，云升加入本村联合诊所，1958 年受邀任职于益都县中医联合医院，后回到本村诊所，1977 年因病退休至逝。

细研杜氏所处方药，均以《审视瑶函》为治病准绳，对视网膜炎有一定的治验，其基本方药以六味地黄丸加减。1976 年，曾治疗一氨水灼伤眼结膜患者，很快复明，可惜其方药未传授后人。

杜云升是益都县第一至八届人大代表。有三子，其三子春华继父业。

王作圣（1902—1980），青州市东夏镇桃园村人，系益都县"桃园黄病丸子"第四代传人。早年跟父在烟台学医，后在口埠等地行医，1951 年任职于联合诊所，生前为益都县人民代表大会历届代表。

王作圣继承其父王子和"黄病丸子"理气止痛一派，在原方基础上增减其引子，从单纯治疗黄病（多为缺铁性贫血）而扩大到治疗胃及十二指肠溃

杜云升

王作圣

痣、慢性胃炎等症。从 60 年代末期始，"黄病丸子"的影响一度扩大到除台湾以外的 29 个省（自治区、直辖市）及香港等地，日销量达千余副。

至今已传六代。

杨福先

——沂山名医——

杨福先（1902—1986），名寿亭，字福先，以字行，回族，益都县城里高唐府巷人。因家贫，13 岁才得以进私塾读书。毕业后在益都西部山区、青岛东滇渔村、益都城等地的小学任教。教学之余，攻研大量中医书籍，目睹当时百姓困于贫病，立志从医。后在家乡办简易诊所，对贫穷患者义诊赠药，对行动不便者及时出诊，风雨不误。解放后，加入中医联合医院，后入益都县中医联合医院任主治医师。80 年代当选为政协益都县第五届委员会委员。年逾七旬，仍坚守在工作岗位上，直至 80 岁才离岗。

杨福先开具处方多用普通药、常见药。处方简练，花费少，疗效好，很受贫穷患者欢迎。他擅长伤寒、妇科、儿科，后期主攻妇科。经他治疗的不孕不育患者不计其数。治疗疑难杂症如肝、肺、胃部疾病及消渴等症，也造诣颇深，妙手独具。1970 年，原运输公司工人法师傅之妻患重病转院到潍坊，医治无效，病危转回家中，家人一边准备后事，一边请福先判断是否还有一线希望。经仔细诊视，确诊其患肺痈，可治。服药数剂好转，继续治疗两个月后即完全康复，一时传为佳话。本县及邻县昌乐、寿光、临朐、广饶、潍县，甚至东北齐齐哈尔、新疆乌鲁木齐都有慕名而来就诊者，"杨半仙"的别称名噪一时。

杨子耕（1908—1970），名砚田，字子耕，以字行，回族，益都县城里偶园街人。中医师，潍坊市益都中心医院中医科创始人。

幼年家贫，因父病求医甚难，始从叔祖父杨锡全为师，立志习岐黄之术。深究《内经》《难经》，精读本草、脉学及温病等专著，于1930年在益都城内坐堂行医。中华人民共和国成立后，经党和政府培养，杨子耕医术益精。1956年担任联合诊所所长，1957年底调入昌潍专区第二人民医院（益都中心医院前身），为该院中医科创始人。后被派往山东中医学院参加中医学概论讲习班学习一年，回院后兼任实习生理论和临床教学指导。

杨子耕长于内、妇科，特别是对治疗肝病有丰富的经验，活人甚众，久负盛名。对同道和蔼谨恭，平易近人；对病者诚挚热情，有求必应。无论昼夜寒暑，饥寒疲劳，总以治病救人为先，博得全院职工好评。杨氏教学带徒从不保守，学术见解不泥古训，强调辨证施治。曾在益都县中医进修班、益都卫校任教，授课有方，深受赞誉。

其生前忙于诊务，无暇著述，仅在省级刊物发表医学论文数篇。身后保留部分医案和医话，有待搜集整理。曾任中华医学会昌潍地区中医学会理事，当选为政协益都县第二、三、四届委员会委员。

杨子耕

徐保昌（1914—1968），益都县徐家屯村（今属淄博市临淄区）人。生前为全国中医学会昌潍分会理事。早年毕业于山东省立第十中学，后考入张店车辆段学习火车驾驶技术。1938年后到天津国医馆学习四年，1948—1951年，在青岛边行医边跟一留

徐保昌

华日本人学习针灸，1952年到淄博地区中医进修班学习，1957年到山东省在灵岩寺举办的第一期中医进修班学习一年，该学习班主要培养带中医学院毕业生实习的师资。后回临淄县医院工作，1958年益都、临淄合并时到益都县医院工作至逝世。

徐保昌一生对中医理论知识颇有研究，曾多次发表《伤寒论》方面的学术论文，对中医内科和妇科有一定的造诣。合县前为临淄县、分县后为益都县历届人大代表、政协委员。

王楷

王楷（1919—？），青州市人。从医50余年，历任益寿县桃园联合诊所所长、省中医研究班（1956年）学员、山东省中医院医师、青州市人民医院副主任医师。治学严谨，孜孜不倦，长于伤寒、杂病。多次公开发表论著，对"元气"学说颇有见地。

刘东奎

刘东奎（1921—1966），益都县小刘村（今属青州市黄楼街道）人。7岁读私塾，11岁入本村小学堂，17岁时辍学。翌年，经人介绍在本村刘继颜药铺当学徒，三年后拜当地名医王乐山为师，在益都东关菜市街"万和堂"药铺实习，1942年辞师回村，悬壶开业。

东奎少有天赋，天资聪明，加之父教甚严，养成细心严谨的习惯。他胆大心细，待患者态度和蔼，分析病情仔细认真，故投药辄效。1952年任职于联合诊所，先后在杨家庄、大涧堡等诊所行医。后赴潍坊学习，技艺大长，对中药颇有研究。1955年去南京药学院进修一年，专攻中药学。后调到山东中医学院任教，讲授药物，职称为助教。1966年，刘东奎遭受冲击，精神抑郁，失去常态，被送回原籍，他感到事业渺茫，于同年10月自戕。

刘东奎医术高超，百扰不烦。在山东中医学院工作回益都休假时，求诊者络绎不绝，他皆认真处理，详告病情，乡人均称颂。

郑祥光（1930—2010），青州市东阳河村人，其父郑新亭为革命烈士。1950年1月在益都县东阳河村"七一"保健站任中医士。1957年在益都县中医进修班学习。1959年在山东省中医进修班结业后，分配到山东省中医学院伤寒瘟病教研组工作。1960年秋调入益都中心医院工作，历任中医科住院中医师、主治中医师、副主任中医师、主任中医师，中医科副主任、主任。曾兼任潍坊市中医学会副秘书长。1990年11月退休。

有《百部治疗慢性气管炎临床观察》《大柴胡汤治疗胆石症120例》等50多篇论文在省级以上医学杂志发表。研制的治疗过敏性紫癜方剂被《中国验方大全》收录。政协益都县第五、六届委员会委员，政协青州市第七届委员会委员。

当代名医录

本篇简要介绍获评全国名中医、岐黄学者、全国名老中医药专家传承工作室指导老师、全国基层名老中医药专家传承工作室建设项目专家、省级名（老）中医（药）专家、山东省基层名中医（药）专家称号者，表格列示获评『山东省基层名中医（药）专家』基本情况，以姓氏笔画为序。

◎临朐县

马玉侠，女，1976年5月生，临朐县辛寨街道东黑洼村人。2005年博士毕业于天津中医学院针灸推拿学专业，现任山东中医药大学针灸推拿学院副院长，山东中医药大学附属医院中医外治中心主任医师，教授，博士研究生导师。国家中医药管理局高水平中医药重点学科"中医外治学"学科带头人，兼任世界中医药学会联合会外治方法技术专业委员会副会长、山东针灸学会副会长等职务。主持国家级、省级课题9项，发表学术论文260余篇（其中SCI论文50余篇），主编著作1部。授权国家发明专利10余项、软件著作权13项，获山东省科技进步二等奖等13项。获评"第五批全国中医优秀临床人才""山东中医药高层次人才培育项目学术领军人物"等。

擅长采用多种中医外治法及针灸治疗慢性胃炎、肠炎等消化系统疾病，月经不调、不孕症等妇产科常见疾病，小儿咳嗽、厌食等儿科疾病，以及癌症术后调理等。

马玉侠

尹常健，1950年1月生，临朐县冶源街道栗沟村人。1974年毕业于山东医学院中医系，曾任山东中医药大学附属医院内科主任，二级教授，博士生导师，博士后导师，山东中医药大学内科教研室主任。山东省名中医药专家，2014年获评"山东名老中医"称号。全国第四、第五批名老中医药专家学

尹常健

术经验继承指导老师，全国名老中医药专家传承工作室指导老师。享受国务院政府特殊津贴。

曾承担国家"十一五""十二五"重大科技专项，主持教育部博士点基金课题及省"十五""十一五"中医药攻关课题共13项，获省部级科技成果奖7项，出版学术著作23部，发表学术论文107篇。

先后获"中国百名杰出青年中医""山东省富民兴鲁劳动奖章""全国卫生系统先进工作者""山东省优秀科技工作者""山东省优秀研究生导师""山东省中医工作先进个人""全省卫生系统廉洁行医标兵""第二届中国医师奖""首届感动山东健康卫士""山东省千名知名技术专家""山东省十大名医"等荣誉称号，记二等功、三等功各一次。2020年获山东省中医药杰出贡献奖。

曾兼任中华中医药学会第四、第五、第六届理事会理事，山东中医药学会第四届理事会副会长，现任中华中医药学会肝病专业委员会学术顾问，中国中西医结合学会肝病专业委员会常委，中国民族医药学会常委，山东中医药学会肝病专业委员会名誉主任委员。

长期从事中医内科临床研究，擅长内伤杂病特别是胃炎、溃疡病、肠炎、肝炎、肝硬化、肝癌、脂肪肝、胆囊炎、胆石症等疾病的治疗，经验丰富，见解独到。

邓华亮，1971 年 8 月生，临朐县辛寨街道辛寨村人。中医学博士后，医学博士，教授，主任医师。现任山东中医药大学附属医院院长、山东省小儿推拿质量控制中心主任。兼任山东省患者安全管理协会副会长、全国中医药高等教育学会临床教育研究会副会长、世界中医药学会联合会医疗机构管理专业委员会副会长等学术职务。主持完成国家重点研发计划课题 1 项、省部级及厅局级课题 5 项，先后9 次荣获厅局级以上科技奖励荣誉，出版学术著作 7部，在国内核心期刊发表学术论文 78 篇，取得 5 项发明专利授权。

擅长胃食管反流病、HP 相关性胃病、慢性萎缩性胃炎癌前病变、消化性溃疡、溃疡性结肠炎、慢性腹泻、功能性便秘及各种急慢性肝病、胆囊炎、肝胆结石病等疾病诊治。

邓华亮

冯学功，1962 年 9 月生，临朐县冶源街道大广尧村人。医学博士，博士后，主任医师。北京中西医结合医院脑病中心名誉主任及学术带头人。中关村科技园区博士后工作站合作教授。兼任中华中医药学会眩晕防治协同创新共同体主任委员，中国中医药研究促进会针刀医学专业委员会副主任委员等学术职务。第二届首都群众喜爱的中青年名中医，全国优秀中医临床人才，北京优秀名中医，首都中医榜样人物。

擅长运用中医经方、针刀、针灸等方法综合治疗中风、偏瘫、头痛、眩晕、顽固性面瘫、三叉神经痛、面肌痉挛、失眠、抑郁、焦虑、颈肩腰腿痛、冠心病、慢性胃病、顽固性便秘、慢性腹泻、慢性

冯学功

咳嗽、鼻炎、痤疮、带状疱疹、疮疡久不收口等，对运动神经元病（渐冻症）也有一定研究。

刘长信

刘长信，1961年11月生，临朐县龙山卜家庄村人。1983年7月毕业于北京中医药大学（原北京中医学院）医疗系，后在北京中医药大学东直门医院工作，主任医师，教授，硕士研究生导师。第二届首都群众喜欢的中青年名中医。兼任中华中医药学会疼痛分会创始主任委员、国家中医药管理局中医诊疗设备专家委员会委员等社会职务。发表学术论文70余篇，著书18部，主持课题13项，获国家级专利4项。2013年入围首届新华网"中国好医生"提名。发表科普文章200余篇。

传承并创新性发展了宫廷五联疗法即宫廷理筋术、一罐通术、宫廷药灸术、宫廷腿疗术、宫廷拔寒祛痛贴敷术等，擅长使用上述疗法加中医微创技术、中药内服治疗疑难风湿骨病（重度椎管狭窄、椎间盘突出、膝骨关节炎、风湿性关节炎、类风湿关节炎、强直性脊柱炎、痛风等）和面部神经疑难疾病（陈旧性面瘫、三叉神经痛、带状疱疹疼痛、面肌痉挛等）。

刘存志

刘存志，1975年7月生，临朐县城关街道凤凰村人。博士毕业于天津中医药大学，教授、主任医师，研究员，医学博士后，博士生导师。1993年7月参加工作。现任政协北京市第十四届委员会委员，政协北京市朝阳区副主席（不驻会），农工党中央委员、北京市委常委、朝阳区委主委，北京中医药大学副校长。国家杰出青年科学基金获得者，国家优秀青年科学基金获得者，第二批岐黄学者，全国优秀科技工作者，教育部新世纪优秀人才。兼任中国针灸学会腧穴分会主任委员，中国针灸学会常务理事。主持包括国家重点研发计划项目、国家自然科学基金在内的多项重大课题，获省部级一等奖在内的科研奖励 11 项。发表学术论文 257 篇，其中 SCI 收录 100 余篇，出版著作 6 部。

擅长运用针灸药物结合治疗中风病、痛证、周围神经损伤、痴呆、面瘫、失眠、功能性消化不良以及男性病等疾病。

刘兴忠，1962 年 8 月生，临朐县寺头镇王庄村人。1982 年 7 月毕业于山东省中医药高等专科学校中医专业，同月参加工作。2020 年被评为"山东省名中医（药）专家"。曾任临朐县中医院党委副书记、副院长、主任医师。兼任山东省中西医结合学会消化心身疾病专业委员会副主任委员、中国民族医药学会脾胃病分会常务理事等。在省级以上刊物发表论文 30 余篇，编写论著 3 部，获市科学技术进步二等奖 4 项、三等奖 3 项。发明实用新型专利 3 项。

擅长治疗脾胃病、冠心病、咳喘病、甲状腺疾病及月经不调、痛经、功能性子宫出血、更年期综合征等内科、妇科疾病。治疗慢性胃炎、浅表性胃炎、糜烂性胃炎、萎缩性胃炎、胃食管反流病、胃癌前病变、溃疡性结肠炎、功能性便秘等肠胃疾病的临床经验丰富。

纪立金

纪立金，1964年7月生，临朐县柳山镇北河西村人。1998年毕业于山东中医药大学，医学博士，福建中医药大学教授，博士生导师，师从著名伤寒大家李克绍教授和中医基础理论奠基人张珍玉教授。兼任世界中医药学会联合会内经专业委员会副会长、中华中医药学会中医基础理论专业委员会名誉副主任委员等学术职务。"十一五"重点学科"中医脾胃病学"与"十二五"重点学科"内经学"学科带头人。一直从事中医理论的基础与临床研究工作，注重和倡导中医原创思维的继承、发展和创新。

主编、参编普通高等教育"十三五"规划教材《中医基础理论》《内经选读》《伤寒论选读》、全国高等中医药院校研究生教材《中医基础理论专论》等。在核心期刊及省级以上刊物发表学术论文200余篇，先后主持国家自然科学基金项目2项、省自然科学基金项目2项。获奖多项。

李培乾，1967年2月生，临朐县柳山镇石崖嘴村人。1991年7月毕业于山东中医学院中医系，同月参加工作。现任临朐县中医院院长、党委书记，内科主任医师。2010年1月—2013年1月师从潍坊市名中医张卫东主任医师学习三年。2024年被评为山东省名中医（药）专家、全国基层名老中医药专家传承二作室建设项目专家。兼任山东省中西医结合学会头痛专业委员会副主任委员、潍坊市中医药学会中风病专业委员会副主任委员等学术职务。在省级以上杂志发表论文10余篇，主编著作2部，获潍坊市科技进步奖6项。

一直从事中西医结合临床工作，擅长高血压、冠心病、心力衰竭等心脑血管病及各种头痛、眩晕、咳嗽、癫痫等内科杂病治疗，在针－推－药三结合治疗心脑血管病方面临床经验丰富。

　　杨佃会，1966年5月生，临朐县龙山杨家集村人。2001年毕业于山东中医药大学，医学博士，山东中医药大学教授，博士生导师。山东中医药大学附属医院针灸科主任、第三批全国优秀中医临床人才、单秋华全国名老中医药专家传承工作室负责人。2021年被评为"山东省名中医（药）专家"。现任中国针灸学会第七届耳穴诊治专业委员会副主任委员等学术职务。主编及参编全国高等中医药院校规划教材5部。主编学术著作8部，参编学术著作10余部。主持省部级、厅局级课题5项，获省部级以上科研奖励3项。发表论文160余篇。先后荣获山东省有突出贡献的中青年专家等荣誉称号。

　　擅长用耳穴综合疗法治疗偏头痛，针刺治疗高血压、中风、面瘫、抑郁症、肩周炎及颈腰椎病变、痛经、围绝经期综合征、小儿遗尿等，积累了丰富的临床经验。

　　张启明，1964年10月生，临朐县东城街道大张家庄村人。中国中医科学院临床基础医学研究所临床评价中心主任，教授、博士研究生导师。山东中医药大学教授，硕士、博士研究生导师。教育部"新世纪优秀人才"，兼任中国生物医学工程学会中医药工程分会主任委员等学术职务。主持国家级科研课题12项，获得省部级科研奖励8项。发表学术论文100余篇，出版著作5部，专著《中医统计诊

杨佃会

张启明

断》列为教材。未病测评技术创始人，具有 30 余年临床经验。

擅长治疗高脂血症、老年性痴呆、眩晕、心悸、失眠、过敏性鼻炎、湿疹、牛皮癣、系统性红斑狼疮、咳喘、发热、小儿癫痫、厌食、口腔溃疡、胃痛、慢性胃炎、腹泻、月经不调、疲劳综合征、血栓闭塞性脉管炎等疑难杂症；还擅长预防中风复发；尤其擅长各种晚期肿瘤的中药调理。研制出治疗高脂血症的"清血丹"和抗癌纯中药"七星丹"。

张钦德

张钦德，1961 年 9 月生，临朐县柳山镇大田村人。1982 年 7 月毕业于山东中医药大学中药学专业，曾担任山东中医药高等专科学校科研处处长、质量管理办公室主任，三级教授，硕士生导师。2013 年被评为"山东省名中医（药）专家"。兼任教育部高等学校高职高专相关医学类专业教学指导委员会药学 / 中药专业分委员会委员、山东中医药学会中药专业委员会副会长、山东省药协会理事等。一直工作在教学、科研与中药生产一线。主持完成国家级或省级发展规划类、标准建设类项目 16 项；主持完成省部级以上教科研项目 40 余项，获省部级以上教科研成果奖励 22 项，发表学术论文 62 篇；主持研发中药新品种 5 项，获发明专利 3 项。参与建立中医药国际标准 3 项。主编教材 30 部，其中国家级"十一五""十二五""十三五"规划教材 4 部，山东省高校优秀教材一等奖 1 部。

陈士洲，1963年4月生，临朐县城关街道西坦村人。临朐县中医院名医堂主任医师，山东省名中医（药）专家（2017年），第三批全国优秀中医临床人才，第二批山东省高层次优秀中医临床人才，潍坊市名中医。历任山东省五级中医药师承教育项目指导老师，世界中医药学会联合会肿瘤经方治疗专业委员会常务理事。1980年考入山东省中医药学校中医专业，1983年7月毕业即从事中医临床工作。

40多年来，熟练运用中西医结合理论诊治内科、妇科常见病及部分疑难病症，尤其擅长老年病、心脑血管病、慢性肾病、风湿免疫性疾病、内分泌疾病、过敏性疾病及肿瘤的诊治，在冬病夏治和膏方养生方面造诣颇深。发表学术论文10余篇，主编专著2部，参与研究科研课题4项，其中获山东中医药科技二等奖1项，潍坊市科技进步奖二等奖1项。作为师承教育项目的指导老师带徒8名。

高树中，1962年5月生，临朐县五井镇下五井西村人。在职研究生学历，医学硕士学位。曾任山东中医药大学党委副书记、校长、二级教授、博士生导师，首届岐黄学者，全国名中医，山东名中医药专家，国家中医药管理局中医药重点学科中医外治学学科带头人，中国针灸学会首席科普专家，山东省五级师承指导老师，山东省富民兴鲁劳动奖章获得者，首批山东省医药卫生中青年重点科技人才，入选山东省首批"1020工程"的中医工作者。兼任中国针灸学会副会长、世界中医药学会联合会外治方法技术专业委员会会长等学术职务。主持和参加国家"973"项目等国家级课题10余项，取得10项

陈士洲

高树中

国家发明专利，主编著作 10 余部，主编或参编国家规划教材 10 余部，荣获科研奖励 10 余项。发表论文 100 余篇。

临床擅长应用单穴治疗疾病，倡导针药并用，内外合治。长于治疗胃肠疾病，颈肩腰腿痛、头痛、腹痛、痛经等疼痛性疾病，痤疮、黄褐斑等皮肤病，以及各种疑难杂症。

谭　波

谭波，1964 年 5 月生，临朐县城关街道纸坊村人。1981 年毕业于益都卫校中医专业，后函授学习于山东中医学院、潍坊医学院取得本科学历，三级主任医师。临朐县中医院名誉院长，山东省名老中医药专家。临朐县中医院原党委书记。2013 年 9 月被评为"山东省名中医（药）专家"，2015 年获得首届"全国基层名老中医药专家"荣誉称号，2021 年 10 月被评为"潍坊市十大杰出名中医"，2024 年 2 月获得"山东省名老中医（药）专家"荣誉称号。兼任中国民族医药学会医养结合分会会长、山东中医药学会内科专业委员会副主任委员、山东省中医药学会中医文化与科普专业委员会副主任委员、潍坊市中医药学会副会长、潍坊市基层中医专业委员会主任委员等学术职务。获山东省中医药科技二等奖、潍坊市科技进步三等奖；主持科研课题 5 项，出版著作 5 部，发表论文 20 余篇。带徒多人。

擅长心脑血管疾病的中西医临床诊疗，在老年病及养生保健、医养结合、医药圆融等方面有独到见解。坚持中医整体思维，逐步建立了自己的学术经验与治疗思路，在心脑血管疾病诊疗中创立"中医药综合服务包"理念，多学科协作，中西合参，防治结合，内外并用，针药同施，治未病、心理治疗、康复治疗互相结合，临床疗效好。积极推进中医文化与科普事业，创办了全国首家院办国医启蒙馆和全国首家实用性中医药博物馆，后者于 2020 年晋升为国家二级博物馆。

魏玉香

魏玉香，女，1954 年 12 月生，临朐县冶源街道西小章村人。甘肃中医药大学毕业，主任医师。甘肃省第三批名中医。甘肃省针灸学会副会长，甘肃省中医针灸康复重点学科带头人，甘肃省针灸康复专业委员会主任委员，甘肃省第五批中医药专家学术思想继承指导老师。被评为"针灸界 2018 年中华十大影响力创新人物"。曾任甘肃省康复医院中医康复科主任，现为北京东城中医医院特聘专家，针灸科主任医师。从事中医临床、教学、科研 50 余年。在国内外杂志发表 SCI 等论文 10 余篇；主编医学专著 5 部，合著、参编 4 部；参与国家级科研课题 2 项，主持完成省级科研课题 9 项（获省长基金 1项）；获中国民族医药学会三等奖 1 项，甘肃省康复医学科技进步奖一等奖 2 项、三等奖 2 项。

擅长运用中药、针灸、火针、埋线、浮针等方法治疗多种疾病。完成国家级发明专利 1 项，研究院内制剂脑瘫丸 1 项。四舌针治疗中风失语、敦煌灸经图药灸康复技术两项技术被国家卫生健康委员会定为传承项目。

◎沂源县

包培荣，女，1953年8月生，沂源县大张庄镇马峪村人。1977年毕业于山东中医学院中医系。山东中医药大学附属医院综合内科主任，主任医师，教授，硕士生导师。2017年获评"山东名老中医"称号，系山东省名中医（药）专家、山东省知名医学专家，全国首届名老中医吕同杰主任医师学术继承人。在国家及省级期刊发表论文50余篇，主编、参编著作10余部。

从事心血管专业及危重症临床工作近40年，积累了丰富的心血管病、急危重病治疗经验，尤其对冠心病、心肌炎、心律失常、原发性高血压、心力衰竭、急性全身炎症反应综合征及多脏器功能障碍综合征有独到的见解，临床收到较好疗效。

张庆祥，1964年生，沂源县悦庄镇人，三级教授，医学博士，博士生导师。2017年获评"山东省名中医（药）专家"。现任国家级重点学科中医基础理论学科后备学科带头人，国家级一流课程《中医基础理论》课程负责人，国家卫生健康委员会"十四五"规划教材《中医基础理论》主编，全国中医药研究生核心教材《中医基础理论研究》主编。兼任中华中医药学会中医基础理论分会常委，世界中医药联合会体质专业委员会常务理事，山东省中医药学会中医基础专业委员会委员兼秘书长等，山东省教学名师，中医基础理论教研室副主任，主持国家级课题 5 项、省厅级课题 20 余项，荣获国家及省级教学科技奖励 10 余项，发表学术论文 210 余篇，主编学术著作 10 余部。多次荣获山东中医药大学"优秀教师""师德标兵""优秀共产党员""学生人生导师"，以及"全国师德师风先进个人""山东省教学名师""山东省教育系统优秀共产党员"等荣誉称号。

主要研究方向：藏象学说的理论与临床应用研究、《内经》理论与中医思维方法研究、常见慢性病的中医药防治。

徐　涛

徐涛，1975 年生，沂源县南麻三村人。1995 年毕业于山东中医药大学中医系，现工作于沂源县中医医院。获评"全国基层名老中医药传承工作室建设项目专家"（2021 年）、"山东省名中医（药）专家"（2022 年）等。2017 年跟师龙砂医学流派代表性传承人顾植山教授，并拜国医大师李佃贵教授为师。先后完成科研成果 9 项，多项获奖；拥有国家知识产权局实用新型专利 12 项，编写《脾胃病治疗经验集》等著作 8 部，撰写学术论文 20 余篇。确定传承人 10 余名。

在浊毒理论指导下，灵活运用经方治疗脾胃病，尤其是对内镜和病理诊断的萎缩性胃炎伴肠上皮化生、不典型增生等胃癌前病变，用"化浊解毒法"配合针灸理疗等中医适宜技术进行治疗，收效显著。

◎沂水县

武大鹏，1971年12月生，沂水县黄山铺镇胡家庄村人。本科学历，毕业于滨州医学院。1989年3月参加工作，现任沂水县中医医院针灸推拿科主任，主任中医师。2019年拜师于石学敏院士并跟随天津中医药大学高淑红教授、武连仲教授、张伯儒教授学习。2022年主持山东省中医药重点科研项目，在国家级、省级刊物发表论文10余篇。2023年被评为"山东省名中医（药）专家"，兼任山东省小儿推拿委员会副主任委员、山东省针药结合镇痛委员会副主任委员等学术职务。

形成以中医、中药、针灸、推拿、穴位埋线、火针并行的专业方向。擅长治疗颈椎病、腰椎病、偏瘫后遗症、胃病、心悸、失眠、眩晕、冠心病、咳嗽、风湿病、肩关节周围炎、面瘫、宫寒、下肢静脉曲张等疾病。

◎莒　县

王卫红，女，1962年生，莒县刘官庄镇马驹岭村人。曾任莒县中医医院党委委员、副院长。1980年12月开始从事中医工作，1989年12月毕业于山东中医药学校中医专业，2013年荣获"山东省名中医（药）专家"称号，2017年获批"全国基层名老中医药专家王卫红传承工作室"建设项目，是山东

武大鹏
—— 名医沂山 ——

王卫红
—— 名医沂山 ——

省第一批五级中医药师承指导老师。在国家级刊物发表论文 10 余篇，主编论著 1 部。

擅长针药并用治疗各种疑难杂症，对带状疱疹、肩关节周围炎、膝关节退行性病变、颈椎病、腰椎病、类风湿关节炎等疼痛类疾病的治疗有独到之处，对面瘫、眩晕、失眠、头痛、呃逆、中风、中风后遗症、三叉神经痛等疾病的治疗有独特见解，尤其擅长梅花针治疗斑秃、火针治疗带状疱疹等。

张　新

张新，1963 年 6 月生，莒县洛河镇小汪头村人。曾任莒县中医医院业务副院长、纪委书记。1988 年 7 月毕业于山东中医学院中医专业，同年参加工作。2018 年获批"全国基层名老中医药专家张新传承工作室"建设项目。莒县中西医结合男科临床中心（研训基地）、莒县中医医院脑病科学术带头人。兼任中华中医药学会男科分会委员等学术职务，山东省第四批五级中医药师承教育指导老师等。男科师承享受国务院政府特殊津贴专家、岐黄学者、首都名医、中国中医科学院西苑医院男科主任郭军主任医师。在省级以上刊物发表论文 26 篇，主（参）编著作 6 部，获科技奖 5 项。

擅长男科、脑病科疾病诊治，对脾胃病、风湿病、肾病等内科疑难杂病也有独到研究。

张家富

张家富，1972 年生，莒县店子集街道何家村人。1992 年毕业于山东中医学院骨伤系骨伤专业，于莒县中医医院工作至今，现任莒县中医医院党委副书记、院长。兼任山东中医药学会第六届理事会理事，山东中医学会骨伤基础与内治专业委员会委员，日照市中医药学会副会长等学术职务。2021年度获评"山东省名中医（药）专家"称号。师从齐鲁卫生与健康领军人才、山东省名中医（药）专家、山东中医药大学附属医院副院长、博士生导师李刚教授。获市级科技进步奖三等奖2项，发表医学论文20余篇，出版著作4部。

从事骨伤科专业及中医全科。坚持中西医结合，擅长中医正骨术及中医药治疗骨折、筋伤、颈肩腰腿痛、四肢关节疼痛、骨质疏松症及骨伤杂病。

◎五莲县

王成祥

王成祥，1963年6月生，五莲县户部乡高阁庄村人。1981年8月自五莲县第一中学考入山东中医学院中医系，1986年毕业后在五莲县人民医院中医科工作，1988年考取北京中医药大学临床技能型研究生，毕业后于东直门医院工作。医学博士，教授，博士生导师，博士后合作导师，享受国务院政府特殊津贴。曾任北京中医药大学第三附属医院（第三临床医学院）院长等职务。中国农工民主党第十五届、十六届中央委员，政协北京市第十三届委员会常务委员，首届首都名中医，国家第二批中医优秀临床人才。兼任北京中医药大学学术委员会委员、中华中医药学会肺系病分会主任委员等学术职务。幼承家学，读研后师承临床名家杜怀棠教授，在临床中又得到周平安、姜良铎、武维屏等教授指导。曾主持国家级课题及省部级课题20余项。获国家发明专利4项。在国内外刊物发表论文138篇。培养研究生及带徒 90 余人。

致力于肺系病临床与科研，对于肺系急危重症和疑难杂症如慢性咳嗽、重症肺炎、肺间质纤维化、支气管扩张、肺癌等有深入研究，并积累了丰富的临床经验，治疗消化系统疾病及失眠等内科疾病也有较好疗效。

王道全，1956 年 10 月生，五莲县人。1979 年毕业于山东中医学院中医系。曾任山东中医药大学推拿临床教研室主任，三级教授、主任医师、硕士研究生导师，山东名中医。山东省五级中医师承项目指导教师，兼任中华中医药学会推拿分会常务委员、中国针灸学会针推专业委员会常委等学术职务。发表学术论文 110 篇，主编或参编教材 45 部，其中主编"十二五"高等中医药院校规划教材《推拿医著学》一部，担任高等中医药院校"十五"至"十三五"国家级规划教材《推拿学》《针灸推拿学》副主编；获山东省科技进步奖三等奖 3 项、山东省教育厅优秀成果三等奖 2 项。

擅长推拿治疗颈椎病、腰椎间盘突出症、肩关节周围炎、小儿腹泻、肌性斜颈、咳嗽、发热、遗尿等疑难杂病。

刘家义，1952 年 2 月生，五莲县松柏镇前苇场村人。1978 年毕业于山东中医学院中医系，1982 年考取山东中医学院硕士研究生，山东中医药大学教授，博士生导师，中医诊断系主任，全国优秀教师，山东名医名师，山东省名老中医（药）专家，享受国务院政府特殊津贴。

宋卫华

周勇

从事中医教学和临床四十余年，先后出版《舌诊》《中医诊断与治疗》等学术著作及教材20余部，发表学术论文70余篇，主持多项国家级、省部级科研课题。临床讲究治病求本，整体调整，改善体质，提高机体抗病能力。首重病机，辨证论治与专病专方相结合。对内科、妇科多种疑难病症的诊疗有独到之处。擅长治疗心脑供血不足、冠心病、脑梗死、萎缩性胃炎、肠化生、慢性肠炎、糖尿病、高血压、头痛、痛风、腰腿痛、类风湿关节炎、复发性口疮、顽固性便秘、过敏性鼻炎、湿疹、皮炎等病症。

宋卫华，女，1961年6月生，安丘市人。五莲县人民医院中医科原主任，主任医师。山东省名老中医（药）专家。先后荣获"山东省职业道德建设先进个人""日照市优秀农工民主党党员"等荣誉称号，2016年成为山东省第四批五级师承带教老师，2017年获"山东省名中医（药）专家"荣誉称号。发表核心期刊论文2篇、省级论文10余篇，主编专著2部，并获得专利4项、县级科研成果10余项等。

擅长用中医中药治疗各种结石病、头晕、头痛、中风后遗症、失眠、焦虑、各种急慢性胃肠炎、酒精性肝病及妇科月经不调、更年期综合征、各种自汗盗汗、哮喘等疾病，还擅长癌症患者术后及放化疗调治，尤其擅长用膏方调治各种慢性虚损性疾病。

周勇，1973年11月生，淄博市博山区汕头镇东坡村人。毕业于山东中医药大学针灸学专业，现任五莲县中医医院主任医师、副院长。兼任山东针灸学会理事，中国针灸学会临床专业委员会委员等。

政协五莲县第十届委员会常务委员。2024年获评"山东省名中医（药）专家"称号。主编《拔罐有问必答》《上工养生话拔罐》《上工养生话刮痧》等著作，发表论文10余篇。师承全国名中医、岐黄学者高树中教授，对其针药并用、脐灸及一针疗法有着深入研究。

擅长使用经方、针药结合、推拿正脊、针刀微创等治疗脾胃病、肺病、脑病、颈肩腰腿痛等各科疾病。

郑召善，1974年5月生，五莲县松柏乡驼石沟村人。1996年毕业于山东中医药大学中医系。现任五莲县中医医院治未病科主任，副主任医师，全国基层名老中医药专家传承工作室专家，山东省中医药文化科普巡讲专家，日照市中医师承项目指导教师。兼任山东中医药学会慢病管理专业工作委员会常务委员、治未病专业委员会委员、中医适宜技术专业工作委员会委员、脉学专业工作委员会委员；山东中西医结合学会治未病专业委员会常务委员、肝病委员会委员、风湿病委员会委员；山东省妇幼保健协会委员会委员等。

擅长中西医结合治疗内科疑难杂症，如头痛、失眠、风湿性关节炎及类风湿关节炎、腰腿疼痛、妇科月经不调、痛经、不孕不育、脑病、心血管病、糖尿病、甲状腺病、各类结石，对肾病、肺病、肝病、脾胃病、中风后遗症等有独特见解。

◎诸城市

刘镜如

刘镜如，1932年1月生，字子见，诸城人。堂号东裕厚堂，父季三。山东医学院毕业后分配到济南黄河医院，后脱产参加中医学习。青岛国际中医药针灸培训中心校长。历任青岛市科学技术协会常务委员、青岛市医学会会长、青岛中医学会理事长。1984年始任青岛市卫生局局长兼中医管理局局长，青岛中医研究所所长，青岛医学院及山东中医学院兼职教授。1987年后受聘为山东省卫生技术高级职称评审委员会委员、副主任等。有《常见急腹症》《中医史话》等多部著作，参与《中医学讲义》编审等。国家"七五"重点项目"红参芦头及复方制剂治疗冠心病的研究"通过国家鉴定，并获青岛科研一等奖。

从事卫生工作40多年，领导组织过许多重大灾害抢救，如1955年利津黄河凌汛决口、1976年唐山地震、1978青岛体育场挤压事件、1989年黄岛油库火灾等，都取得很大成功。临床专于中西医结合内科，精于心血管和肝胆脾胃病的诊治，发表文章百余篇。

◎安丘市

王立新，1967 年 8 月生，安丘市大盛镇龙王庙村人。1991 年 7 月毕业于山东中医学院针灸专业，一直在安丘市中医院针灸科从事临床工作。针灸科主任。2024 年获评"山东省名中医（药）专家"。兼任山东省针灸学会理事、刺法灸法专业委员会副主任委员，山东省中医药学会疼痛专业委员会副主任委员。主编著作 2 部，发表专业论文 30 余篇。完成潍坊市立项课题 4 项。先后跟随朱汉章、高树中、刘方铭等专家教授学习。开展针刀、针灸刀、刃针、铍针、松筋骨、减压针、带刃针、内热针、银质针等中医微创技术；在"不通则痛""不荣则痛"的基础上，提出"不正则痛""不松则痛"的治疗理念。

擅长针灸推拿、手法正脊、中药内服外用、中医微创综合治疗颈椎病、肩关节周围炎、腰椎间盘突出症、椎管狭窄、膝关节疼痛挛缩、中风偏瘫、面瘫、脊柱相关疾病和多种疑难杂症。

王立新

蔡凤群，1966 年 1 月生，安丘市柘山镇解家沟村人。1989 年 7 月毕业于山东中医学院中医系，现为安丘市中医院主任医师，2021 年荣获"全国基层名老中医药专家传承工作室建设项目专家"称号，2022 年 3 月荣获"山东省名中医（药）专家"称号。兼任潍坊市中医药学会副会长。在省级以上刊物发表学术论文 20 余篇，科研成果获奖数项。20 世纪 90 年代师承安丘市中医院名誉院长——马廷高主任

蔡凤群

医师，成为原全国名老中医张瑞丰主任医师的再传弟子，是潍坊市首批中医药专家学术继承人。

擅长中医内科、妇科、儿科等疑难杂病的中医诊疗，如脑病、呼吸系统疾病、消化系统疾病和糖尿病、高血压及其并发症；妇科月经病、带下病、更年期综合征；小儿消化系统疾病、呼吸系统疾病，以及小儿遗尿病等。

◎昌乐县

赵法文

赵法文，1952年生，昌乐县鄌郚镇北冯家沟村人。现任昌乐县人民医院专家委员会委员、退离休第二党支部书记。1973年考入山东医学院中医系，毕业后分配到昌乐县人民医院工作至今。2007年被山东省人事厅、卫生厅授予"山东省名中医（药）专家"称号。2008年被卫生部、人事部、国家中医药管理局批准为全国第四批老中医药专家学术经验继承工作指导老师，硕士研究生导师。主编中医专著3部，获市级科技进步奖二等奖2项，省科协优秀成果奖2项；发表《肾炎治疗四法的临床运用》《血管性痴呆中医药治疗进展》等论文58篇。

擅长内科疑难杂病的中医诊治，如肝胆结石病、泌尿系结石病、中风病、风湿免疫病、肾病、脾胃病、糖尿病及其并发症等。

◎青州市

马胜，1963年1月生，回族，青州市人。毕业于北京中医药大学针灸学专业。潍坊市益都中心医院原党委书记、原院长。系享受国务院政府特殊津贴专家、全国名老中医（药）专家、第三批全国优秀中医临床人才、第六批全国老中医药专家学术经验继承指导老师、山东省名中医（药）专家、山东省名老中医（药）专家、山东省高层次优秀中医临床人才、山东省委组织部高层人才库专家、鸢都学者。兼任中国针灸学会理事、中国针灸学会针药结合专业委员会副主任委员等学术职务。先后获省级以上科技奖10余项，主持省级以上课题10项，发表论文40余篇，以主编、副主编出版著作5部，获国家专利3项。

马　胜

先后师从石学敏、孙光荣、朴炳奎等名家前辈。从事中医针灸、针药结合临床研究40余年，崇尚经方，力倡"针药结合"，提出了"经典统领，经方布阵，经络向导，经药点睛"及"针药结合，针灸同用，针术并施"之"四经三针"理论。善用针药结合治疗内、妇、儿科疾病，尤擅长针药结合治疗肿瘤、脾胃病、颈腰椎病、抽动秽语综合征、皮神经卡压综合征、中风偏瘫等疾病，疗效显著。其中，"针药结合治疗颈腰椎病"成功入选2021年度山东省中医药特色疗法项目名单。

李　宏
——沂山名医——

崔　骞
——沂山名医——

李宏，女，1963年生，临朐县东城街道七贤店村人。毕业于原山东中医学院中医专业，就职于潍坊护理职业学院，主任医师、教授。兼任世界中医药学会联合会五运六气专业委员会副会长、中华中医药学会五运六气研究专家协作组副组长、山东中医药学会五运六气专业委员会主任委员。2017年评为"山东省名中医（药）专家"，全国第七批名老中医药专家传承工作指导老师。

师从国家中医药管理局龙砂医学流派代表性传承人顾植山教授，将"天人合一"的整体观应用于临床各科常见疾病及疑难杂病，擅用司天方、经方，重视膏滋方调体治未病，为龙砂医学流派代表性传承人。倡导运气理论指导中医外治技术，在应用推广"龙砂开阖六气针法"的过程中颇有心得，创造性地应用并形成了"运气耳穴疗法"，被纳入首批山东省中医药特色疗法推广项目。

崔骞，1965年3月生，青州市东夏镇大袁村人。1989年7月毕业于山东中医学院中医专业，任青州市中医院主任医师，兼任山东中医药学会不育不孕专业委员会委员、山东中医药学会亚健康专业委员会委员、潍坊市中医药学会民间中医药传承委员会副主任委员。2022年被评为"山东省名中医（药）专家"。先后获得"山东省基层中医工作先进个人"（记三等功）、"山东省中医适宜技术推广先进个人""全国中医药系统创先争优先进个人"等荣誉称号。发表论文60余篇，参与科研课题10余项，其中获山东中医药科学技术奖三等奖3项。

擅用经方对内科、妇科疾病以及肿瘤及肿瘤术后进行治疗与调养。

"山东省基层名中医（药）专家"名录

姓名	性别	出生年月	籍贯	从事中医时间	工作单位	业务专长	获评时间	备注
◎临朐县								
王凤文	男	1951.04	临朐县城关街道篦子庄村	1969.09	临朐县城关街道石埠村第二卫生室	中医治疗不孕不育、肝胆疾病	2014	
白丽	女	1980.03	临朐县冶源街道栗沟村	1999.12	临朐县海浮山医院	中医针灸、针刀治疗脑卒中后遗症、颈肩腰腿痛等病症	2020	
田春霞	女	1976.04	临朐县蒋峪镇南店村	1997.10	临朐县辛寨中心卫生院	中医治疗消化道疾病和心脑血管疾病	2024	
李波	男	1974.10	临朐县冶源街道冶源村	1996.01	临朐县海浮山医院	中医治疗内科尤其是脾胃病症	2024	
李水亭	男	1967.04	临朐县五井镇泉水崖村	1989.07	临朐县人民医院、东城街道卫生院	中医治疗内科、妇科疑难杂症	2024	
胡光前	男	1959.06	临朐县东城街道胡家岭村	1981.07	潍坊市干部疗养院（海浮山医院），退休	中医治疗内科尤其是肾脏病、糖尿病、胃病、失眠等疑难杂症	2014	
倪开远	男	1961.10	临朐县冶源街道平安峪村	1982.07	临朐县五井中心卫生院，退休	中医治疗失眠、焦虑、抑郁、脾胃病、结石、妇科疾病等	2014	
殷宗钦	男	1953.05	临朐县山旺镇李家沟村	1976.07	临朐县山旺镇上林西村殷燕卫生室	中医治疗内科、妇科、儿科疾病	2020	
董守起	男	1960.09	临朐县冶源街道平安峪村	1983.07	临朐县海浮山医院退休，返聘坐诊	中医治疗全科疾病	2017	

姓名	性别	出生年月	籍贯	从事中医时间	工作单位	业务专长	获评时间	备注
◎沂源县								
刘　波	男	1976.06	沂水县高桥镇赵家长林村	1997.11	沂源县中西医结合医院（鲁村中心卫生院）	治疗农村常见颈椎病、腰椎间盘突出症、肩关节周围炎、腱鞘炎、四肢骨折、关节脱位等骨伤科疾病	2020	
齐岁刚	男	1978.10	沂源县大张庄镇太平庄村	1999.09	沂源县西里卫生院	治疗脾胃、肝胆、肺、心脑血管、肾等内分泌"三高"代谢性疾病，骨关节病变，妇科病等	2023	
杨朝美	女	1977.07	沂源县燕崖镇北安乐村	1997.09	沂源县精神卫生中心	脐针配合体针治疗带状疱疹、面瘫、中风后遗症、高血压、反流性食管炎等常见病、疑难病	2024	
房立东	男	1978.04	沂源县大张庄镇松崮村	1997.11	沂源县中西医结合医院（鲁村中心卫生院）	治疗糖尿病、皮肤病、泌尿系统疾病、消化系统疾病、肺部疾病、痹症、肿瘤等	2022	
◎沂水县								
丁明广	男	1972.04	沂水县夏蔚镇杨家峪村	1994.10	沂水县沙沟镇中心卫生院	运用针刀、针灸等治疗疼痛、卒中后遗症、各种疑难病	2020	
王洪东	男	1981.10	沂水县沙沟镇九岭坡村	2002.09	沂水县许家湖镇卫生院	运用"项七针""石学敏醒脑开窍法"治疗偏瘫后遗症和各类内科病	2024	
刘　军	男	1972.10	沂水县马站镇	1990.12	沂水县马站人民医院	治疗内科、妇科疾病，尤其是慢性胃炎、冠心病、痛经等	2020	

姓名	性别	出生年月	籍贯	从事中医时间	工作单位	业务专长	获评时间	备注
张兴旺	男	1970.10	沂水县杨庄镇张家楼子村	1991.08	沂水县杨庄镇中心卫生院	治疗高血压、糖尿病、脑卒中、慢性阻塞性肺疾病等慢病，小儿消化不良、生长发育迟缓，中风偏瘫、震颤麻痹、癫痫等	2021	
张景农	男	1982.10	沂水县许家湖镇西官庄村	2003.09	沂水县龙家圈街道社区卫生服务中心	治疗心脑血管病、脾胃病、肾病、妇科病和一些疑难症	2024	
崔俊余	男	1966.06	沂水县崔家峪镇上龙口村	1989.07	沂水县人民医院	擅长"治未病"，对慢性复发性疾病疗效明显	2014	
惠中生	男	1973.02	沂水县杨庄镇汞丹山村	1994.10	沂水县沂城街道社区卫生服务中心	中医调养，治疗肛肠疾病	2023	

◎莒县

姓名	性别	出生年月	籍贯	从事中医时间	工作单位	业务专长	获评时间	备注
于香军	男	1967.04	莒县夏庄镇草岭村	1983.06	莒县城阳街道社区卫生服务中心	中医治疗内科疾病尤其是胃肠肝胆病、肾脏病、妇科病、月经病	2023	
王成敏	男	1970.10	莒县峤山镇王家朱里村	1993.07	莒县寨里河镇卫生院	中医中药治疗心脑血管疾病	2020	
王明军	男	1972.08	莒县招贤镇天井汪村	1996.08	莒县中医医院	中医治疗心血管疾病	2017	
王绪继	男	1967.11	莒县浮来山街道大薛庄村	1984.09	莒县王绪继中医诊所	治疗癫、狂、痫、郁、失眠、头痛、眩晕、震颤、中风等各种中医脑病及中医内科疑难病症	2014	
冯治福	男	1975.05	莒县洛河镇西地村	1998.12	莒县招贤镇卫生院	中医内科治疗肾系疾病	2022	

姓名	性别	出生年月	籍贯	从事中医时间	工作单位	业务专长	获评时间	备注
邢玉荣	女	1978.03	威海市文登区泽头镇望岛村	1997.11	莒县招贤镇卫生院	中医针灸推拿	2022	
刘兰花	女	1974.09	莒县陵阳街道刘家址坊村	1995.07	莒县城阳街道社区卫生服务中心	中医中药联合针灸推拿治疗脑病、颈腰椎病、妇科病	2020	
张左田	男	1974.08	莒县峤山镇东桥村	1996.07	莒县阎庄街道卫生院	中西医结合治疗男女不孕不育症、多囊卵巢综合征、习惯性流产、功能失调性子宫出血、痛经、脾胃病、颈肩腰腿痛等	2017	
郑成杰	男	1949.05	莒县桑园镇梭庄村	1965.07	莒县桑园镇卫生院，退休	中医中药治疗妇科疾病、肝炎、心脑血管疾病	2014	
赵子辉	男	1950.06	莒县城阳街道后绪密村	1971.10	莒县城北医院	中医内科、妇科、康复理疗	2014	
袁安新	男	1972.07	莒县城阳街道大果街村	1996.07	莒县店子集街道卫生院	中西医结合治疗内分泌系统疾病、中医杂症、妇科月经病	2017	
倪守华	男	1963.06	莒县店子集街道西沟头村	1982.07	莒县店子集街道卫生院退休，仍坐诊	中医内科、外科、妇科、心脑血管病	2014	
潘月侦	男	1956.02	莒县龙山镇潘家庄村	1977.08	莒县万和城老药壶诊所	针灸治疗颈肩腰腿痛、中风后遗症、中药治疗脾胃病、肝胆病、肾病等	2014	

姓名	性别	出生年月	籍贯	从事中医时间	工作单位	业务专长	获评时间	备注
◎五莲县								
许家栋	男	1978.02	五莲县街头镇上官家沟村	1997.07	五莲县皮肤病医院（县皮肤防疫站）	中医经方治疗各科急危险重症、疑难病、肿瘤、糖尿病、皮肤病及发热性疾病	2023	
◎诸城市								
于海斌	男	1978.04	诸城市昌城镇福胜村	1998.09	诸城市中医医院	中西医结合治疗常见病、多发病，尤其擅长眼科疾病的治疗	2020	
卢茂方	男	1948.12	诸城市贾悦镇阎家庄村	1968.09	诸城市贾悦中心卫生院退休，仍坐诊	中药内服治疗消化道和妇科疾病、肾结石	2017	
朱世杰	男	1961.04	诸城市皇华镇朱洋三村	1984.05	诸城市皇华中心卫生院退休，现在诸城市华一堂中医医院坐诊	中药内服外贴治疗哮喘、慢性胃肠炎、腰腿痛	2017	
刘增慧	女	1977.07	诸城市相州镇中城阳村	1997.07	诸城市相州中心卫生院	针灸中药并用治疗颈肩腰腿痛、中风、面瘫、关节炎，以及脾胃病、月经病、皮肤病等各种疑难杂症	2021	
沈向荣	男	1973.01	诸城市昌城镇东老庄村	1998.09	诸城市龙都卫生院	六经辨证遣方用药，穴位贴敷疗法	2020	
张永亮	男	1974.09	诸城市相州镇大双庙村	1997.08	诸城市相州中心卫生院	中医中药治疗颈肩腰腿痛	2023	
张加良	男	1977.10	诸城市龙都街道小庄子村	1998.09	诸城市林家村中心卫生院	中西医结合方法治疗常见病、多发病及颈肩腰腿痛和外科患者术后康复	2021	

姓名	性别	出生年月	籍贯	从事中医时间	工作单位	业务专长	获评时间	备注
臧传举	男	1951.01	诸城市贾悦镇大马庄社区永吉官庄村	1972.01	本村卫生室,马庄卫生院退休。现成立安丘市祺祥中医诊所	中药内服治疗心脑血管病和妇科疾病	2014	
◎安丘市								
于文玲	女	1977.01	潍坊市坊子区黄旗堡镇乙甲村	1997.09	安丘市兴安街道卫生院	治疗脾胃病、高血压、妇科病	2024	
王宝礼	男	1949.06	安丘市石堆镇孟家庄	1971.01	安丘市石堆镇卫生院	内科、妇科	2014	
陈加科	男	1948.07	安丘市柘山镇陈家车庄村	1961.01	安丘市柘山镇陈家车庄社区卫生室	妇科、内科	2020	
逄伟	男	1977.10	安丘市景芝镇逄家庄	1999.11	安丘市新安卫生院	针灸、推拿	2022	
赵秋	男	1956.1.9	安丘市景芝镇永和村	1975.7	安丘市景芝中心卫生院	妇科、骨伤科	2017	
赵强	男	1972.09	安丘市景芝镇红旗村	1992.07	安丘市人民医院	应用中医扶阳疗法治疗内、外、妇、儿科疑难杂症	2017	
谢克明	男	1957.09	安丘市兴安街道谢家村	1980.07	安丘市兴安街道卫生院	治疗脾胃病、肝胆病、心脑血管病	2014	
◎昌乐县								
王春玉	男	1970.04	昌乐县乔官镇秦家淳于村	1992.07	昌乐县乔官中心卫生院北岩分院	治疗部分常见病、多发病及疑难杂症	2024	
宗培录	男	1959.03	临朐县柳山镇邬家官庄	1980.06	昌乐县白塔卫生院	治疗内、外、妇、儿科常见病、多发病及疑难病症。尤擅长治疗老年心脑血管病、糖尿病、慢性胃病、妇科不育不孕症	2014	

姓名	性别	出生年月	籍贯	从事中医时间	工作单位	业务专长	获评时间	备注
郤西真	男	1943.02	昌乐县宝城街道东管庄	1961.08	昌乐县宝都街道东管村第二卫生室	治疗内科、妇科、常见疾病及疑难杂症，尤擅长男女不育不孕、习惯性流产及胎前、产后诸证	2017	谱名郤锡祺
高利华	男	1973.05	昌乐县五图镇邱家河村	1994.07	昌乐县宝城街道卫生院	治疗内、妇、儿、皮肤科等各种常见病及疑难病，尤擅长运用针刀、针灸等治疗疼痛、卒中后遗症	2023	
◎青州市								
王继新	男	1972.10	青州市庙子镇局子峪村	1993.07	青州市庙子中心卫生院	治疗反复感冒、咳喘、脾胃病、心脑病；月经不调、痛经、崩漏、不孕不育症；小儿厌食、尿床；顽固性荨麻疹、黄褐斑、湿疹、痤疮等皮肤病	2024	
刘庆春	男	1971.09	青州市东夏镇刘辛村	1992.07	青州市谭坊中心卫生院	内科	2014	
刘志勇	男	1970.06	青州市黄楼街道刘仪型村	1990.08	青州市黄楼卫生院（黄楼社区卫生服务中心）	治疗烧伤、压疮、臁疮、难治性溃疡等	2023	
刘希民	男	1977.10	青州市高柳镇南段村	1997.09	青州市黄楼卫生院（黄楼社区卫生服务中心）	治疗胃肠病、结石、咳嗽、失眠、情志病等疾病；用中医药调理亚健康	2017	
吴方忠	男	1949.04	滨州市滨城区西吴村	1968.01	青州红庙社区卫生服务站	治未病、风湿病、糖尿病足、慢性骨髓炎、疮疡	2020	

姓名	性别	出生年月	籍贯	从事中医时间	工作单位	业务专长	获评时间	备注
李家刚	男	1974.04	青州市益都街道西高村	1997.07	青州市何官卫生院	中西医结合治疗内科常见病及腰腿痛	2022	
张子德	男	1968.11	青州市王坟镇后黄马村	1991.07	青州市云门山卫生院	善用经方辨证治疗不寐、情志病、脾胃病等内科杂病及骨伤科疾病	2024	
张秀英	女	1978.07	青州市何官镇北张楼村	1999.01	青州市高柳中心卫生院	治疗颈椎病、腰椎病、关节炎，以及消化道疾病、心脑血管疾病、妇科疾病、小儿消化不良	2021	
张洪武	男	1970.04	青州市弥河镇上黄山村	1993.07	青州市弥河中心卫生院	内、妇科中医常见病、多发病的辨证治疗	2017	
党传鹏	男	1975.02	青州市邵庄镇玉皇庙村	2001.10	青州市立医院	中医正骨、平衡针刺	2023	
郭中村	男	1976.09	青州市弥河镇东市村	1997.10	青州市弥河中心卫生院	内科	2024	
曹元龙	男	1963.12	青州市庙子镇曹家庄村	1980.01	青州市庙子中心卫生院	内科	2023	

主要参考文献

［1］山东省卫生史志编委会．山东省卫生志（1840—1985）．济南：山东人民出版社，1992．

［2］山东省卫生史志编委会．山东省卫生志（1986—2005）．济南：山东人民出版社，2010．

［3］张奇文．山东中医药志．济南：山东科学技术出版社，1991．

［4］潍坊市卫生局．中医药志．1984．

［5］潍坊市卫生局史志办公室．潍坊市卫生志（1840—1986）．1989．

［6］潍坊市卫生志编纂委员会．潍坊市卫生志（1987—2010）．北京：方志出版社，2013．

［7］政协临朐县委员会．临朐县旧志汇编．2002．

［8］临朐县志史志编委会．临朐县志（1840—1987）．济南：山东人民出版社，1991．

［9］丁瑞芝供稿，周辉整理．我所熟知的临朐乡村名医//政协临朐县委员会．《文史资料选辑》第十四辑．1997．

［10］林绍志，郭晓刚．临朐中医谱（建国前）//政协临朐县委员会学宣文史委．《临朐文史资料》第二十五辑．2006．

［11］临朐县地方志编纂委员会．临朐村镇志略．北京：方志出版社，2012．

［12］临朐县卫生局编写组．临朐卫生志（1911—1982）．1983．

［13］青州市镇村志编纂委员会．青州镇村志．北京：团结出版社，2019．

［14］益都县图志校勘整理委员会．光绪《益都县图志》点校本．北京：中国文史出版社，2006．

［15］陈食花修，王同海、吴志芳、冯道俊校注．康熙益都县志．长春：吉林文史出版社，2023．

［16］青州市卫生志编纂小组．益都县卫生志（初稿）．1986．

［17］青州回族志编纂委员会. 青州回族志. 济南：黄河出版社，2015.

［18］马印麟编纂，胡研萍、赵会茹校注. 瘟疫发源. 北京：中国中医药出版社，2015.

［19］潍坊市益都中心医院志编纂委员会. 潍坊市益都中心医院志. 济南：山东人民出版社，2012.

［20］魏礼焯等修，阎学夏等纂. 昌乐县志（嘉庆）. 清嘉庆十四年（1809）刻本.

［21］昌乐县史志编纂委员会. 昌乐县志（1840—1985）. 济南：山东人民出版社，1992.

［22］昌乐县地方史志编纂委员会. 昌乐县志（1986—2007）. 北京：中华书局，2008.

［23］昌乐县卫生局卫生史志编辑组. 昌乐卫生志（草稿）（1987年修订本）. 1988.

［24］山东省地方史志办公室. 山东省历代方志集成：潍坊卷10. 天津：天津古籍出版社，2018.

［25］安丘县志史志编委会. 安丘县志（1840—1985）. 济南：山东人民出版社，1991.

［26］安丘市人民医院志编纂委员会. 安丘市人民医院志. 北京：方志出版社，2018.

［27］安丘县卫生局. 安丘县卫生志（1851—1984）. 1985.

［28］牛鹏志. 安丘历代著述考（征求意见稿）. 2020.

［29］莒县卫生志编纂委员会. 莒县卫生志. 北京：中国教育文献出版社，2013.

［30］莒县地方史志编纂委员会. 莒县志. 北京：中华书局，1999.

［31］山东省临沂地区卫生局，中华全国中医学会山东临沂分会. 临沂地区中医药志. 1982.

［32］五莲县志编纂委员会办公室. 五莲县志. 北京：中国人民大学出版社，1992.

［33］五莲县地方史志编纂委员会. 五莲县志（1989—2005）. 北京：中共

党史出版社，2010.

［34］宫乐辉．医林人物传略//五莲县政协文史资料委员会．《五莲文史资料》第八辑．1997.

［35］诸城市史志办公室．诸城方志集成．天津：天津古籍出版社，2022.

［36］诸城市志史志编委会．诸城市志（1840—1987）．济南：山东人民出版社，1992.

［37］钟兆湘．诸城市卫生志．郑州：中州古籍出版社，2010.

［38］沂水县地方史志编委会．沂水县志（1991—2008）．北京：中华书局，2012.

［39］沂水县地方史志办公室．沂水县清志汇编．济南：山东省地图出版社，2003.

［40］沂水文化通览编纂工作委员会．沂水文化通览．北京：中国文史出版社，2017.

［41］沂水县卫生局卫生志编辑组．沂水县卫生志（初稿）．1989.

［42］戴岐，刘振芝，靖玉仲．刘惠民医案．济南：山东科学技术出版社，2021.

［43］国家卫生健康委干部培训中心（国家卫生健康委党校）．百年卫生 红色传承．北京：中国人口出版社，2021.

［44］孙即昆，刘亚民．山东高级医药卫生人物志·市县及企业部分．北京：中国农业科技出版社，1990.

［45］沂源县史志编委会．沂源县志（1944—1990）．济南：齐鲁书社，1996.

［46］沂源县卫生局卫生志编纂组．沂源县卫生志（1921—1990）．1990.

后记

沂山地处鲁中，西承岱宗之雄浑，东瞰大海之浩渺，生态资源丰富，植被丰茂，森林覆盖率高达98.6%，是名副其实的"天然氧吧"。得天独厚的地理、气候孕育了沂山区域丰富的中药材资源，达600余种。

迄今，屹立于东镇庙的《大元增封东镇元德东安王诏》碑载："三代以降，九州皆有镇山，所以阜民生、安地德也。"东镇沂山作为五镇之首，历朝历代享受皇家祭祀，镇安国境，护佑苍生。古往今来，域内孕育了一大批享誉杏坛的名医大家。

近年来，特别是党的十八大以来，党和政府更加重视中医药工作。2023年，"沂山论健"开启，已连续举办两届。每当吉日，沂山脚下，国医大师、岐黄学者、名医大咖济济一堂，共襄盛会。他们围绕振兴中医药事业、发展中医药产业、推进健康中国建设，交流研讨，凝聚共识，已形成山东"尼山世界文明论坛""泰山论灸""沂山论健"中医药"三山"系列品牌，在全国形成较高的品牌影响力，进一步提升了沂山的知名度。第二届"沂山论健"期间，沂山区域四市九县（市）中医院院长齐聚沂山，自发结为"沂山中医联盟"，为开展沂山区域的中医文化交流和发展中医药事业奠定了良好基础。

传承和创新是中医药发展的两大永恒主题。把沂山区域的历代名医辑录成册，既为中医传承尽一份力，又为中医创新提供参考。灵气所钟的沂山区域，自古以来人才辈出，名医荟萃。2024年春，我们启动了《沂山名医录》的整理编辑工作。首先确定了收录的范围、条件（资格）：历代名医，地方志书记载的名医全部收录；现代评选的省级以上名中医和基层名中医一并收录。为此，我们专程赴四市九县（市）与有关单位协商沟通，编辑人员数次与九县（市）卫生健康局联系，先由各县市提供基础资料，然后查阅各地新旧县志、卫生志及有关资料。历经半年余，形成初稿。后将初稿分别发各县市卫生健康局或中医院，征求意见，作进一步修改、补充和完善，定稿成书。共收录名医581人，其中历代名医480人，省级以上名中医36人，省级基层名中医65人。

《沂山名医录》编纂过程中，得到九县（市）政协、卫生健康局、地方史志研究中心、中医院的大力支持；临朐县挂职科技副县长李备友帮助联系沂水县委宣传部及有关单位，潍坊市委下派临朐挂职县委常委、副县长郗锡奎提供了昌乐旧志记载的名医资料，诸城市文史学者王桂杰提供了诸城古今名医情况；部分名医的后人提供了其先人的部分资料。临朐县政协特邀文史委员王兆亮、临朐县政协文化文史和学习委员会原主任安兆东等参编人员付出了艰辛劳动。付梓前，邀请原临朐县委党史研究室主任魏学强审阅全稿。中医药博物馆马铭科、王钰涵帮助收集资料，提供后勤服务。在此，一并谢忱。

特别感谢国医大师王新陆，潍坊市委常委、临朐县委书记刘艳芳百忙之中为本书作序。

囿于资料和认知限制，部分名医未能收录，收录者有的因资料少而过简；加之编者水平所限，难免有错讹之处，恳请读者批评指正。

2025 年 2 月